U0639485

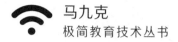
马九克
极简教育技术丛书

创建高效
信息化课堂

马九克 / 著

华东师范大学出版社
·上海·

图书在版编目(CIP)数据

创建高效信息化课堂/马九克著. —上海:华东师范大学出版社,2020

(马九克极简教育技术丛书)

ISBN 978 - 7 - 5760 - 0670 - 4

Ⅰ.①创… Ⅱ.①马… Ⅲ.①信息技术-应用-课堂教学-教学研究-中小学 Ⅳ.①G632.421 - 39

中国版本图书馆 CIP 数据核字(2020)第 181602 号

马九克极简教育技术丛书

创建高效信息化课堂

著　　者	马九克
责任编辑	刘　佳　丁　倩
责任校对	时东明
装帧设计	高静芳　高建迪

出版发行　华东师范大学出版社
社　　址　上海市中山北路 3663 号　邮编 200062
网　　址　www.ecnupress.com.cn
电　　话　021 - 60821666　行政传真 021 - 62572105
客服电话　021 - 62865537　门市(邮购)电话 021 - 62869887
地　　址　上海市中山北路 3663 号华东师范大学校内先锋路口
网　　店　http://hdsdcbs.tmall.com

印 刷 者　上海龙腾印务有限公司
开　　本　787 毫米×1092 毫米　1/16
印　　张　21.75
字　　数　382 千字
版　　次　2021 年 1 月第 1 版
印　　次　2022 年 12 月第 4 次
书　　号　ISBN 978 - 7 - 5760 - 0670 - 4
定　　价　66.00 元

出 版 人　王　焰

(如发现本版图书有印订质量问题,请寄回本社客服中心调换或电话 021 - 62865537 联系)

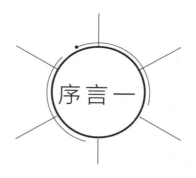

序言一

多年前，在闵行区教育信息技术应用研讨会上认识了马老师，后来每次相遇总会一起讨论交流信息技术在教育中的应用问题。马老师是七宝中学的物理特级教师，对 Office 软件的应用，有其独到的研究，他与众不同的信息化思维，令人耳目一新。从最初的用 PowerPoint 制作课件、Word 教学文档的编辑、用 Excel 进行学生成绩分析开始，到后来的 Office 在班主任班级管理上的综合应用、微课的创作与实践等，他的研究不断深入，实践不断拓展，培训不断升级，他的相关著作也在不断更新。由于在 Office 创新应用中的独到的研究成果，马老师被微软授予"微软精英教师"称号，并被聘为微软高级培训师。他在全国 Office 教育教学的应用研究和普及推广中具有很大的影响。

前两年与马老师相聚，我给他提了个建议，希望他考虑在移动互联背景下升级原来的工作，他欣然接受。我很快就收到了他的信息：他将重新撰写一套移动互联背景下课堂变革教育技术应用丛书，后确定为"马九克极简教育技术丛书"，前年出版的丛书中的第一本——《轻松高效编辑教学文档》，详细介绍了在教育教学中，教师应用 Word 编辑教学文档的技巧和方法，掌握书中的技巧和方法可以极大提高教学工作的效率。

马老师这几年着力于信息化课堂教学的实践和研究，到学校听课，走访座谈，研究信息技术如何与课堂教学融合的问题。在多年实践研究的基础上，《教育信息技术助推课堂教学变革的实践研究》科研成果获得上海市级教学成果特等奖，并获得国家级教学成果二等奖。马老师总结了在信息化课堂教学中的成功经验和失败的教训，提出了信息化课堂教学中的课堂教学的结构模式及课程资源建设两大关键问题。

马老师新著作的问世，将为实施信息化的课堂教学改革的学校和一线教师提供很好的第一手学习资料。书中介绍了大量的一线教师在信息化时代应该掌握的信息技术工具，如果真正熟练掌握了这些信息技术工具，你将成为学校信息技术的达人。一线教师如何学习和应用好教育信息技术？我的体会是在学习的过程中（做任何事情都是这样），要敢于动手，要在做中学，而且不应仅仅学习一些机械的操作技能，要通过学习掌握思维方法。同时，还要将这些技能和方法与自己的工作实际相结合，并进行应用和总结，努力形成适合自己的习惯和方式。

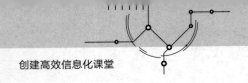

教育信息化促进教育现代化已经成为教育发展的大趋势。在当今教育改革与创新的时代，我们需要一大批具有现代信息技术能力的创新型教师，在这方面马老师为我们树立了榜样。在与马老师多年的接触中，我十分欣赏马老师带着研究的眼光去实践，带着实践的眼光去研究的做法。他注重研究与实践的结合，与时俱进，所以成果不断。他还应邀到各地进行培训，积极推进教育信息化，得到广大一线校长和教师的普遍赞誉。

应邀作序，向广大教师推荐本书，并表达我对马老师的敬意！

张民生

（张民生：现国家教育咨询委员会委员，上海市教育综合改革咨询委员会委员。原上海市教委副主任，中国教育学会副会长，国家督学，上海市教育学会会长。）

序言二

2020 年，突如其来的新冠病毒 COVID-19 席卷全球，疫情给世界带来的影响是历史性的。目前，新冠病毒正在全球范围蔓延，我们需要高度警惕，"做好较长时间应对外部环境变化的思想准备和工作准备"。人类正经历近百年来最大危机，世界经济和社会面临巨大挑战。据联合国教科文组织的统计，截至 2020 年 4 月 20 日，全球 190 多个国家和地区的学校停课，超过 15 亿学生受到停课影响，此次疫情的巨大冲击，将深刻改变世界教育，成为百年未有大变局的引爆点。

疫情期间，教育部提出"停课不停学"，亿万师生在线教与学成为新常态，这是中国教育史上最大规模的在线教育实践。改革开放 40 多年来，我国移动通信基本建设和电视、手机的普及，奠定了在线教学的物质基础。在教育部的领导下，各地教育行政机构及时组织了省市级的在线课程资源开发，上线了覆盖基础教育的空中课堂，为学生提供了在家学习的课程视频，学校班级任课教师使用各种 App 辅导学生作业，整个教育生态发生了巨大变化。

面对教育教学的新变化，广大一线教师亟须学习并掌握各种在线教学的新技术，丰富自己从事在线教学的技能，马九克老师的新作《创建高效信息化课堂》在读者最需要的时间出版，真可谓及时雨。

人们常说："机会青睐有准备的人。"马九克老师出版的新作，源自他长期在教学中学习运用新技术的努力与坚持。早在 2003 年，马九克老师从河南调到上海七宝中学任教，那时他还不会使用计算机和当时的 Office 2003 软件，但是，马老师结合自己物理课程教学的实际，深入学习和研究了计算机知识和 Office 2003 软件，他编写出版的用于中小学课堂教学的系列 Office 教材，被选作上海市市级教师继续教育培训教材，他本人还被微软公司邀请参加全球教育论坛，三次代表中国教师在国际舞台上分享中国教师教育信息化的故事。

为什么马九克老师把自己编写的新作命名为《马九克极简教育技术丛书》？他在自己长期的教学实践中深深体会到，目前网上有海量的信息资源和软硬件工具，但是教师最常使用的还是 Office 办公软件和一些能够解决教育教学问题的简单实用的技术，特别是通过这次新冠疫情期间"停课不停学"的在线教学实践考验，他更深刻地体会到：要让每一位老师能够真正在教学中常态化用好信息技术，解决实际教学工作中的问题，必须走"极简教育技术"

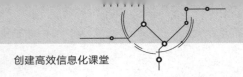

普及之路。

　　"极简教育技术"的概念，源自"极简主义"在教育信息化领域的应用。极简教育技术思路的兴起，与时代的发展变化相关。今天的中国，从 1978 年改革开放算起，已经有 40 多年的奋斗历程。随着生产力水平的不断提高，中国人富起来、强起来了：物质资源越来越丰富，每个家庭的消费品等物质拥有得越来越多；住房越来越大，但是被塞满了各种东西，空间反而越来越小；同样，面对移动互联时代的飞速发展，各类新媒体让信息越来越多，人们的深入思考反而越来越少；社会发展节奏越来越快，人们想做的事情越来越多，感觉越来越忙、越来越累。在这样的生活状态下，"极简主义"很自然地受到人们的认可和欢迎。

　　"极简主义"给人们提供了一种新的思路：倡导一种全新的人生态度和价值观：简洁即美、小就是大、少即是多、大道至简、实干为要。

　　人们注意到，随着时代的变化和信息技术的飞速发展，每天都有新理论、新技术、新软件不断涌现。面对纷繁复杂的教育信息化浪潮，"极简主义"思路值得借鉴。在总结改革开放 40 多年来我国开展电化教育、教育信息化 2.0 取得的成绩和经验的基础上，我们将适合一线教师学习使用的极简技术称为"极简教育技术"，这是在学校教学工作中，倡导师生使用方便、实用的，易学、易用的，能够有效提高工作学习效率的技术。

　　马九克老师顺应时代的需求，总结了目前广大一线教师在教学中真正需要和常态化使用得最普遍的技术：微软 Office365 和移动互联时代最常用的 App 软件，精心研究提炼出了最适合教师的"极简技术"，著成《马九克极简教育技术丛书》系列教材供大家学习使用。

　　《创建高效信息化课堂》一书，充分吸取了新时代抗疫斗争中广大一线教师运用新技术支持在线教学的经验，针对目前教育信息化课堂教学改革中遇到的课堂教学结构模式和优质课程资源建设的两大问题编写而成，总结筛选了信息时代教师必学、必备的基本技术，遵循极简主义的原则，简单、易学、实用，具有鲜明的时代性和针对性。

　　特向各位读者推荐，这是一套值得放在案头供随时翻阅，以备不时之需的信息技术应用工具书。

黎加厚

2020 年 4 月 25 日
于上海师范大学科技园
（黎加厚：上海师范大学教育学院教育技术系教授，
教育部全国教师教育信息化专家委员会委员。）

前 言

近年来，各地政府加大了对教育的投入，绝大多数学校基本完成了三通两平台的建设。今后一段时间既是教育信息化的深入发展期，又是教育信息化的创新试验期，因此以教育信息化助推教育现代化，必将推动教育信息化在教育教学领域中的深入发展和创新应用。近期因新冠肺炎疫情，全国都在进行线上的网络课堂教学，堪称中国教育史上最大规模的在线教育实践，这更加彰显了教育信息化的重要性，因此教师掌握信息技术势在必行。而今后教育信息化的深入发展，必须要解决课堂教学问题，将信息技术与课堂教学充分融合，利用信息技术工具真正提高教育教学的质量，这才是教育信息化发展的根本所在。纵观这些年来教育信息技术与课堂教学融合发展的情况，我们发现亟须解决两大问题：建立课堂教学结构的模式和制作数字化课程资源。

本书就以上信息化课堂教学中存在的两大问题进行了详细论述。关于课堂教学结构模式的构建，本书既从教育教学理论方面进行了阐述，又从作者本人帮助打造的学校案例中，总结提炼出了能够让大家学习借鉴的可操作的经验模式。在课程资源建设方面，作者给大家精选了一些简单实用易学的信息技术软件，手把手教会大家制作微课程视频。随身携带的手机是最好的信息技术终端工具，书中介绍了大量手机应用技巧，如利用手机可以随时录制微课、进行远程教学，利用手机可将 Word 文档与 PDF 文档快速相互转换，利用微信和网盘可将数十 G 字节的文件秒传，利用手机还可以编辑、存储、分享文档……，实现随时随地移动办公。信息技术应用能力的提高不单单体现在掌握一两个软件的应用技巧，更重要的是应能够应用信息技术工具解决平时工作、学习和生活中的问题。为此书中介绍了作者近年来经常使用的、教师在平常的工作学习过程中应该掌握的信息技术软件工具，以解决教师经常遇到的问题，如制作网络试卷、制作二维码、实施网络直播教学、将网页上的视频通过下载或录制的方式保存在电脑上。

为了使本书更具有可操作性，同时既节约空间，又提高图片的清晰度，书中所有图片都由作者用专业软件截图获得，绝大部分又经过精心拼接和剪裁，使其重点突出。由于所有的软件都会不停地更新迭代，因此可能会出现书中的内容与实际软件界面不完

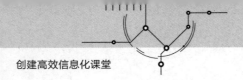

全相同的情况①。书中某些问题有多种解决方法（如可使用多种录屏软件、多种直播教学方法等），读者根据自己的情况熟练掌握一种或两种即可。实际上，在学习本系列信息技术应用丛书的过程中，不应仅仅简单学习几个软件的应用方法，重要的是转变思维习惯，根据信息技术的特点，运用信息化的思维，灵活创新。

我们每天的工作都离不开电脑，在生活中也离不开手机，我们总说要减轻教师工作负担，"工欲善其事，必先利其器"，我们已经有了各种现代化的工具，化繁为简提高教师的工作效率就显得尤为重要。所以常用信息化软件的应用技能是信息时代的教师必须掌握的。

本书是作者根据近年来的教育技术应用培训内容及对教师信息技术应用需求的了解，精心打造的提高教师信息技术应用能力的一本工具书。它不仅适用于广大中小学教师，同样也非常适用于公务员、公司白领等所有对信息技术有兴趣者；不仅适用于初学者，更适合于想提高操作能力的较高水平学习者学习。本系列丛书全部以课时形式编写，方便培训使用；同时有详细的目录，作为案头必备的工具书，工作中遇到问题时可以随时查阅。本书图文并茂，浅显易懂，实用操作性强，没有过多理论阐述，而是直奔操作技术主题。

作者在多年的研究过程中，得到了现国家教育咨询委员会委员、上海市教育综合改革咨询委员会委员、原上海市教委副主任、中国教育学会副会长、国家督学、上海市教育学会会长张民生教授和教育部教育信息化技术标准委员会主任、全国著名教育信息技术应用研究专家、华东师范大学终身教授、教育技术学博士生导师祝智庭教授以及上海师范大学教育学院教育技术系教授、教育部全国教师教育信息化专家委员会委员黎加厚教授等多方指导和帮助，也得到了原闵行区教育学院院长徐国梁先生、原上海市七宝中学校长仇忠海先生以及文来高中校长黄健先生的大力支持和帮助，华东师范大学国际慕课研究中心主任陈玉琨教授、教育部校长培训中心副主任田爱丽博士等也都给予了很大的帮助与支持！对以上专家和领导在我的研究过程中所给予的关心、支持和帮助，在此表示深深的感谢！

2020 年 7 月 8 日

① 因使用手机型号和手机所装软件版本以及各信息技术软件版本的差异，本书图片仅供读者阅读学习时参考。本书手机截取的图片主要来自苹果 12.4.1 版本的系统。——作者注

目 录

第一单元

信息化的课堂教学

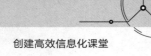

　　当前正处于信息化时代，教育信息化必须要与时代同频共振。早在 2018 年 4 月，教育部已发布《教育信息化 2.0 行动计划》，可见教育信息技术走进课堂是社会发展的必然。"十二五"以来，我国的教育信息化经过了一个高速发展期，经过各级政府的共同努力，完成了以"三通两平台"为核心的硬件设备和平台资源的建设。今后一段时间将是教育信息化的深入发展期，要推动教育信息化的普及与深化，实施教育信息化的创新应用。

　　《教育信息化 2.0 行动计划》中指出，教育信息化时代办学形态、教学模式、学习方法都将发生革命性变化，要促进信息技术与教育教学融合创新发展，重构教育生态，即要重新建构课堂教学的模式、重新建构学生学习的方式。教育部部长陈宝生两年前已经在《人民日报》撰文吹响了"课堂革命"的号角：课堂是教育的主战场。课堂教学改革是教育改革的核心。教育的主渠道是课堂，教改的主战场是课堂，教育信息化建设一定要落实在课堂教学上，不能离开课堂教学谈信息化建设，不能离开信息技术谈课堂教学改革。2019 年 11 月，教育部在《关于推荐遴选"基于教学改革、融合信息技术的新型教与学模式"实验区的通知》中指出，要防止信息化建设与信息化应用"两张皮"，更要防止信息化应用与教学改革"两张皮"。要利用技术手段，激发学习兴趣、丰富教学内容、突破课堂边界、拓展教学时空，努力探索互动式、启发式、探究式、体验式教学。可以看出目前在信息化建设中存在建设与应用"两张皮"的问题。

信息化课堂教学的现状和对策

第一课

一、 信息化课堂教学改革的现状

1. 全国整体情况

回看这几年教育信息化的发展情况：领导确实都很关注，遇到相关会议都会积极参加，并且也都很认真地听讲思考，但是没有整体的思路，怕搞不好影响教学质量，所以不敢轻易行动。即使个别领导有心想搞一搞，也只是用个别班级做点小规模的试探性实验，连续几年下来教学改革的效果并不明显，因此根本不敢大规模进行。仔细想想，是什么原因？因为教师根本不知道如何真正地把信息技术应用于课堂教学中。也就是：

领导都很关注，遇会积极行动。

开会都很认真，会后思谋行动。

没有整体思路，仍然不去行动。

个别领导心动，思谋来个小动。

几年看看效果，实际基本无用。

静下心来查痛，因为教师没动。

要问为何不动，因为不知咋动。

要想真正搞好，必须整体行动！

信息技术与课堂教学融合的现状是什么样的呢？从这几年在全国各地培训时收集到的2万多条数据可以看出，约70%的教师没有制作过数字化的微课程资源，同样，近70%的教师没有听说过或尝试过信息化的课堂教学，如图1-1-1所示。何况这些数据来源于当地

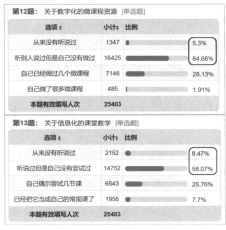

图1-1-1

较好的学校中的优秀教师！

2. 学校发展的现状

这两年教育信息化的发展，特别是信息技术与课堂教学的融合发展，进展较缓慢，发展的现状可以总结为以下四种类型。

表演展示型：在各种信息化课堂教学现场会议中，学校全体教研组教师共同打造出一节课，由一个教师去表演展示，实际平常的课堂教学根本不是这样，回去后照样沿用传统的满堂灌的课堂教学模式。

个别实验型：学校不敢大规模改革，只用两个班级搞实验，这种情况本身就说明领导没有信心，仅仅搞个花样作个秀。

单打独斗型：学校不牵头，仅个别对信息技术有兴趣的教师自己进行尝试。

传统课堂型：也有不少学校在大规模进行改革，全校学生人手一台平板电脑，也有网络平台，但课堂教学的结构没有发生根本变化，仍然采用传统的课堂教学模式。

这几种情况教学质量都不会显著提高，单打独斗型和个别实验型的一定会失败！单打独斗型，开始学生还有点兴趣，能够课前自主学习、课堂互动交流讨论，但是由于这种课堂教学一定要学生课前根据教师在网络上放置的微课程（包括任务单、导学案、测试题及微课程视频），在教师的帮助指导下自主学习，会占用学生较多的学习时间。时间一长，完成其他学科书面作业的时间往往会挤占学生自主学习的时间，无法达到理想的学习效果。个别实验型，实验班的教师不仅要适应这种新型的课堂教学模式，同时还要制作适合自己学校学情的微课程视频，所以需投入大量的时间和精力。而普通班的教师采用常规教学模式，工作量相对较轻，慢慢地，实验班的教师就不再使用这些技术设备，又回到了传统的课堂教学中。更可笑的是，有些学校让一个教师既教一个所谓的"智慧课堂班"，另外再教一个"普通班"，美其名曰"做对比"。要知道这两种教学模式是完全不一样的。全年级整体改革，学校可以统一要求，教师可共同制作微课程视频资源，工作共同分担，负担相对较轻，更容易成功。第四种传统课堂型，学生自主学习不够，师生课堂互动很少，基本上还是采用满堂灌的教学模式，自然不会明显提高教学质量。信息化的课堂教学绝对不是简单的传统课堂加平板电脑。一定要根据教育教学的规律把信息技术真正融入课堂教学中。

二、 应对的策略和解决方法

鉴于目前硬件设施基本到位，即校校通网络、人人有电脑、班班有屏幕（很多学校配备了一体机，设备的现代化程度已经很高了），如何将信息技术与课堂教学深度融合呢？要解决以下三大问题：

1. 校长的信息化观念

很多校长认为，搞信息化建设就是申请资金、购置设备，因此将班级内的投影仪换成一体机、教师的台式机换成笔记本，建设未来教室、创客空间。这些硬件设备有了更好，但是仅仅这些并不能说明校长的观念已经根本转变了，调查数据显示，学校教师虽然都有电脑和网络，但是很多学校仍要求教师必须手写教案。为什么这样？因为校长怕教师从网上下载、复制教案。即使有多年教龄的老教师，也被要求每年必须重新手写一遍教案。试问这样做有必要吗？老师们为什么不能从网络上学习别人的先进教学经验呢？计算机的发明和出现，使得人类的学习、生活和工作等方方面面都发生了革命性的变化，教育信息技术走进教育走进课堂是社会发展的必然结果。教学质量的高低也并不由教案是手写的还是打印的来评判。早几年还出现过这样的现象：一所还算有名气的学校，为每位教师配备了笔记本电脑，但是假期却要求教师将电脑全部交还学校，据说是校长怕教师假期上网！所以，对于学校的信息化建设，领导的观念转变起着至关重要的作用。

2. 信息化的课堂教学

　　信息技术的利用绝对不是在传统课堂教学的模式下，给学生提供刷题工具。综观我们的传统课堂教学，学生学习的积极性不高，课堂上思想开小差、打瞌睡、做小动作是常见的现象。遇到这种情况，我们的教师往往去批评学生，实际上更应反思我们的课堂教学。传统的满堂灌课堂教学模式，教师整堂课滔滔不绝地讲，学生昏昏欲睡地听，自然导致学生的学习积极性不高，学习效率低下。

　　（1）现代教学理论。

　　① 学习金字塔。在课堂教学中，一定要把课堂真正还给学生，让学生真正成为学习的主人，让学生在学习的过程中体验知识的获得过程。近几年来，不少学校进行了课堂教学改革，先学后教以学定教，课前学生自主学习，课堂上学生互动交流讨论，这是很好的教学理念。美国缅因州的国家训练实验室的研究成果，用数字形式直观显示了采用不同的学习方式，学习者在两周以后还能记住知识的多少，如图1-1-2所示。

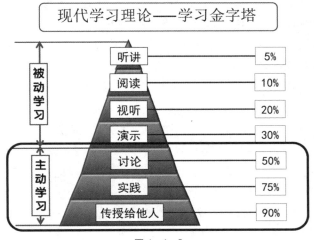

图1-1-2

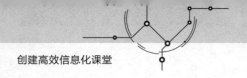

这是一种现代学习方式理论，称为学习金字塔。在塔尖上的第一种学习方式是"听讲"，也就是老师在上面讲，学生在下面听，这种我们最熟悉的方式，学习效果却是最低的，两周以后知识的留存率只有 5%。通过第二种"阅读"方式学到的内容，可以保留 10%。用第三种"视听"的方式学习可以留存 20%。第四种是"演示"，采用这种学习方式可以保留 30%。第五种"讨论"，可以留下 50% 的内容。第六种"实践"，留存率可以达到 75%。最后一种在金字塔基座位置的学习方式，是"传授给他人"，即相互讲解，可以留下 90% 的学习内容。学习效果在 30% 及以下的几种方式都是传统的被动学习方式；而学习效果在 50% 及以上的，都是主动学习方式。

② 先学后教，以学定教。学生在课堂中的讨论互动交流，是建立在学生课前充分自主学习的基础上的。这也正是以前我们常常说的"先学后教，以学定教"。我们现在所说的信息化课堂教学，实际上仍然是先学后教，以学定教。不过，现在要赋予其新的含义。即学生的先学，学习的是多媒体数字化的课程；课堂的后教，体现在课堂上学生基于课前自主学习的互动讨论学习；以学定教，则体现在教师根据网络平台反馈的课前自主学习中的问题在课堂上有针对性地精讲。由于自主预习在前，学生会带着问题听课。由于了解了学生自主预习中的问题，教师会带着学生的问题课堂精讲。教学的知识有针对性，对于学生个体有针对性，实现了精准教学，极大地提高了课堂教学的效率。

这些教育教学的理念，多年来虽已经得到广大教育工作者的普遍认可，而各地学校的实际教学情况并非这样。作者在全国很多学校看到，教室的墙上贴着"学习金字塔"，如果去听课，教师会有意识地尽量让学生互动讨论，而实际上平时的课堂教学方式仍然是传统的满堂灌。也有一些学校课堂中真正体现了先学后教，以学定教，以及学习金字塔的教学理论，这些学校的教学成绩通常会非常好。

（2）信息技术支承践行教育理论。

如果没有信息技术支承，虽然按照上面的教学理论进行教学也会取得较好的教学成绩，但是无法为学生的自主学习提供数字化的课程资源，师生之间无法即时进行信息互动反馈。信息技术具有信息传输快捷方便，数据统计精准快速的特点。在网络平台放置微课程，能够为学生自主学习提供条件，教师能够即时掌握学生学习中的问题，了解学生的个性需求，从而有针对性地进行课堂教学，作业批改快速方便，还可以对高频错误进行自动统计，为教师的精准教学提供帮助。所以先进的教育理论要有信息技术做支承才能得以完美体现。

① 为学生提供数字化课程资源。因为课堂的互动讨论交流是建立在学生课前自主学习的基础上的，而如果没有数字化的课程资源，不能够利用音频、图形、动画、视频等现代技术手段，为学生提供内容丰富、形式多样、能够激发学生学习兴趣、提高学生学习效率的数字化课程资源，学生就无法做到在课前充分地自主学习。

② 即时进行学情反馈。以前我们对学生学习情况的了解一般通过批改作业，以前学生的"先学"，学习的只是纸质的纯文字的课程，而学生的自学情况只有通过第二天学生提交了作业后才能了解，现在可以通过网络技术，课前与学生互动讨论，再通过学生提交的课堂自

主学习的网络测试题,在课前就了解学生自主学习的情况,然后进行二次备课,实施精准教学。

③ 减轻教师负担,提高学习效率。在传统的课后作业辅导过程中,教师针对一个题目可能要给多个学生重复讲解多次,有时个别学生听两遍还不明白,也不好意思再问老师了。利用信息技术,我们可以把这些常错试题录制成微课视频,推送给不懂的学生,基础差的学生可以多次反复观看,既减轻了教师的负担,也实施了精准的作业辅导。

将信息化的手段和工具融合到先进的教育理念中去,教学就会如虎添翼,极大地提高教育教学的质量。

(3) 把技术融入到教学的三个环节中。

目前到处在谈的智慧课堂、翻转课堂、混合课堂等,作者把它们统称为信息化课堂。首先要明白什么是信息化课堂,信息化课堂就是教师课前创建微课程,学生课前在教师的指导帮助下自主观看微课程,梳理知识点,提出问题,课堂上小组合作讨论,师生面对面交流,解决疑难问题,进行知识拓展深化和完成作业的一种教学形态。可以看出,这种信息化的课堂教学要求教师、学生以及课堂全都发生突破传统课堂教学的革命性变革。

那么如何把信息技术融入到课堂教学的三个环节中呢?

① 课前的应用。教师要制作微课程资源。微课程资源包含任务单、导学案、测试题以及微课程视频,一般教师都有导学案和测试题,缺乏的是微课程视频。虽然网上有众多课程资源,但是真正能够满足自己教学需要的资源很少。学校要组织教师制作适合自己教学情况的课程资源。教师需将微课程资源提前放在网络平台上,学生在教师的指导和帮助下,进行自主学习。利用现代技术手段,可以使得微课程视频更加形象生动地展现教学内容,激发学生学习兴趣,提高学习效率。学生自主学习,解答老师的问题,梳理知识点,提出自己学习中的问题,第二天在课堂上以小组为单位,进行互动讨论交流,再展示分享。这样的教学流程让学生真正体验了知识的获得过程。同时,教师可通过测试题以及网络平台与学生进行互动交流,即时掌握学生自主学习的情况,课堂上就可以根据学生的问题实施精准教学。

② 课中的应用。在学生自主学习的基础上,课堂教学要充分发挥学习小组的作用,根据任务单上的问题,在小组内进行充分讨论交流互动,并在此基础上展示分享,将课堂真正交给学生,使学生成为课堂的主角。教师再根据学生自学时遇到的问题进行精准讲解,并即时推送课堂测试题。传统的课堂中学生做题时,教师在教室巡看,只能看到几个学生的做题情况,现在教师可以通过网络平台,即时将所有学生的做题情况呈现在屏幕上,既可以呈现某个学生的全部情况,也可以查看每个测试题全班的做题情况,教师即时了解了全班学生的做题情况,便可更加有针对性地进行精准教学。

③ 课后的应用。一方面,教师课后可以快速统计学生做作业的情况,对布置的客观试题可以即时批改统计,对主观题在很多平台都可通过拍照上传然后进行批改,总之可以方便快捷地对学生的作业进行批改和统计。另一方面,教师可以把作业中的疑难试题做成微课程小视频,对学生进行作业辅导,遇到学生不会时可直接推送。实际上现在很多平台都有学生错题集,学生在平台上做题,系统能够自动收集学生的错题,并根据错误涉及的知识点,自

动推送相关的试题，教师也可以根据学生的答题情况手动推送试题，实施精准教学。同时，教师还可以根据学生的不同情况，为学有余力的学生放置一些有一定难度的、用于扩大知识面的试题、阅读材料，以及网络资源的内容链接等，满足不同层次学生的不同要求。

3. 教师的信息化素养和信息化思维

教师是实施信息化建设的主体，制约教育信息化建设的重要因素是教师。多年来，教学改革一直强调要有先进的教学理念做引领，要在课堂中充分发挥学生的主体地位作用，喊了这么多年，收效甚微。大量的学校仍然采用满堂灌的课堂教学模式。要进行信息化的课堂教学改革，教师一定要转变观念，真正把课堂还给学生，即使没有使用现代技术工具，也要在课堂中体现学生的主体地位作用。在此基础上，再考虑把信息技术工具应用于课堂教学中。从大量的调查数据可以看出，制约教育信息化发展速度的诸多因素中，教师怕麻烦不愿意使用信息技术工具约占 25%，教师想使用但由于设备和技术的原因不会用占到 42%，而学校不敢大规模使用怕影响教学质量是由于没有与之相对应的课堂教学模式，如图 1-1-3 所示。

第20题： 您认为学校教育信息化在学校的课堂教学中应用发展缓慢的原因是： [单选题]

选项 ‡	小计 ‡		比例
学校领导的原因，观念没有真正转变，认为信息化教学可有可无	1420		8.17%
教师的原因，教师怕麻烦不愿意使用（不想用）	4329		24.9%
设备和技术的原因，教师想用而未用（不会用）	7303		42%
没有创新的课堂教学模式，学校不敢大规模使用，怕影响教学质量（不敢用）	2768		15.92%
其他原因 [详细]	1569		9.02%
本题有效填写人次	17389		

图 1-1-3

解决教师不想用、怕麻烦的问题，学校需要对教师加强思想教育，同时要有相应的奖励和激励机制，鼓励教师们积极主动使用多媒体信息技术。对于想用而不会用的问题，除了选择更加简单易操作的信息化产品以外，本书给大家提供了很多既简单易学，又能够解决信息化课堂教学实际问题的技术和方法。

推进信息化课堂教学，更重要的是，要提高教师队伍整体的信息化素养、培养教师的信息化思维。

（1）提高教师的信息化素养。

所谓信息化素养，就是教师应用多媒体信息技术的意识和能力。教师应在平常工作和学习过程中主动应用多媒体信息技术，解决工作和学习中的问题，提高课堂教学质量，提高工作效率。怎么让教师想用且会用信息化设备呢？要想让教师体验信息技术给他们的工作、学习和生活带来的帮助和乐趣，最有效的方法是让教师们学会使用手机。人人都在使用智能手机，但是很少有教师把手机使用好。根据调查显示，全国三分之二以上的教师只是偶尔使用手机 App，他们主要用手机来打电话、发短信、看朋友圈。很少有人能够把手机与电脑联动起来为学习提供帮助，提高工作效率。90%以上的教师认为，手机应用程序玩得好的教师电脑用得也很好，学校的多媒体设备用得也好。可见，提高教师的信息化素养的一个重要途径是让教师玩好自己的智能手机。

后面的内容中介绍了很多利用手机帮助解决工作、学习和生活中问题的方法和技巧。

（2）培养教师的信息化思维。

要解决教师想用而不会用的问题，重在培养教师的信息化思维。在计算机的学习过程中，仍然用常规的思维方式学习计算机技术是很难学好的，因为生活中的常规思维方式与计算机学习中的思维方式是完全不一样的。要在平时的计算机学习过程中培养信息化思维习惯。计算机中不同内容的学习要求具备不同的信息化思维方式。要根据软件的特点，结合工作的需要，研究软件的功能，找出相互的联系，进行综合分析，进而创新应用。例如，在 PowerPoint 的学习过程中，通过对软件各功能的深入分析研究总结，我们可利用极变思维、分层叠放、转动对称、叠加遮盖、视觉暂留、非同步动作、多动画联动等思维方式对软件进行创新应用。利用大家熟悉的 PowerPoint，可以绘制教学中需要的几乎所有图形，可以设置教学中需要的几乎所有动画。这些由平面单一到立体多维、由静止不动到变化发展、由单个到系统、由抽象到形象的思维称为信息化思维。有关利用 PowerPoint 创新应用培养信息化思维的内容参见《方便快捷制作教学课件》（华东师范大学出版社出版，马九克著）一书。

第二课　信息化课堂教学的实施

前面讲述了信息化建设以及信息化课堂教学中需要注意的问题。纵观目前全国教育信息化建设中课堂教学改革成功和失败的经验和教训，作者发现信息化课堂教学建设中存在的主要问题，是没有真正把信息技术与课堂教学融合在一起，在信息化课堂教学实施过程中学校需要解决的两大问题是：信息化的课堂教学模式；高质量的与本校学情相适应的数字化课程资源。信息化课堂教学与信息化建设的关系，可以用图1-2-1来表示。

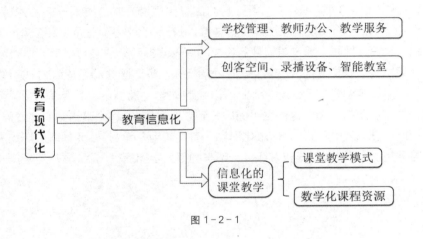

图1-2-1

信息化课堂教学建设中必须解决的问题：
建构课堂教学新模式；制作数字化课程资源。

一、建构课堂教学新模式

1. 在课堂中发挥学生的主体地位作用

传统的满堂灌的课堂中，学生学习的积极性不高，出现这种情况时教师往往批评学生，实际上责任在教师，在于课堂教学的模式。教师天天满堂灌地讲，学生自然听得昏昏欲睡。传统的课堂教学，教师按照设计好的教学过程进行灌输，学生被动地接受教师传授的知识，没有在课堂上发挥学生的主观能动性，教师课堂讲授的知识针对性不强。现代教育理论表明，在课堂教学中一定要充分调动学生参与课堂教学的积极性和主动性，要让学生真正成为学习的主人。为此学生应先自主学习，在课堂上要以小组为单位，合作学习讨论交流。教师应作为学生学习的指导者和参与者。让学生成为课堂的主角，教师成为导演，指导学生学习。

2. 建构适合学校学情的课堂教学模式

建构信息化的课堂教学模式是实施信息化课堂教学的重要环节。课堂中的每个教学环节都应有大致的时间分配。课堂教学模式可以有不同的名称，具体内容也可有所不同。但是不管教学模式起什么名字，分为几个环节，都应包括以下几大要素：

学生自主学习，课堂交流互动，讨论展示分享，最后精讲精练。

不少学校课堂教学改革已经进行多年，有的学校注重学生自主学习，有的学校注重课堂教学中的小组合作学习。实施信息化课堂教学改革，需要重新整合原有的改革方案，将信息技术手段与先进的课改理念相融合，形成新的与自己学校的学情相融合的课堂教学模式。

在后面的学校案例中，将详细介绍信息化课堂教学的结构模式。

二、 制作数字化课程资源

要让学生课前能够深度自主学习，必须为学生提供优质的数字化课程资源。有人称其为课程包，有人称其为学习包，有人称其为微课程，下面统一称为"微课程"。

1. 什么是微课程

微课程是指教师针对某个学科知识点（如重点、难点、疑点、考点等）或教学环节（如学习活动、主题、实验、任务等）而设计开发的一种情景化、支持多种学习方式的包含微课视频、任务单、导学案、测试题等多种学习材料在内的，供学生在线学习的网络课程。微课视频是其重要的组织部分。微课视频的时长要控制得较短，一般小学 3—5 分钟，初中 5—6 分钟，高中 7—8 分钟，时间切不要过长，一般 8 分钟以内，10 分钟是极限。同时它要有明确的教学目标，内容短小且能够集中说明一个问题。它不是一节课的浓缩，也不是一节精品课的切片，其本身就是一个小课程，要短而精，不可面面俱到，要突出本节课或者这个教学单元的重点、疑难和难点。虽然绝大多数微课视频都是先制作 PowerPoint 课件后再用录屏软件录制而成的，但是它绝不应是原有课件的简单分割和重复。设计者应进行深入细致的思考，对原来课件重新进行教学设计和深加工。作为信息化时代的教师，要具有制作微课视频的水平和能力。如果能够坚持两年的时间，就可以建立适合自己学校、班级学情的微课程资源库。

2. 微课视频的设计制作

如果由学校整体安排制作微课程，可以成立若干制作小组，每个小组 2—3 人，由计算机水平相对较高的年轻教师和教学经验较丰富的中老年教师搭配组成。

（1）选题。先要根据本节课的重点、难点、易错点，将一节课或者一个教学单元分成若干个知识点，根据所教的学段不同，可以分为 2—3 个或者 3—5 个知识点。要整理一个清单，列出各个知识点。不同学科有不同的知识点划分方法。

（2）设计。对每个知识点进行分析研究。根据不同的知识点，创新地设计出不同的信息化教案，包括 PowerPoint 课件中图形、动画的设计，其他声音、视频的引用，图片、Flash

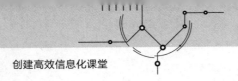

动画的插入等。

（3）制作。课程设计好以后，首先要制作 PowerPoint 课件，然后利用录屏软件进行屏幕录制。录制好以后，应进行后期加工处理，如去除噪声、冗余内容，添加字幕和标注，还可以在视频前面添加片头、后面添加片尾等。

微课视频分为知识点微课视频和教学单元微课视频，下面对其分别介绍。

3. 知识点微课视频设计案例

此处以高中物理中直流电动机的微课视频设计为案例进行简单分析。"直流电动机的工作原理"是物理学科中的一个知识点，在设计的时候要重点讲清直流电动机的工作原理，即电动机为什么会转动。教师要创造性地设计课件。

（1）微课设计。

① 设计直流电动机的工作原理的微课视频。教师对教材进行分析研究后，明确重点和难点是电刷和换向器的工作原理，要想讲清楚，最好绘制出电刷和换向器的放大图，这是教师的创造性劳动（教材上是没有这些图的），也是设计 PowerPoint 课件时需要重点考虑的一部分。绘制的图形如图 1－2－2 所示。

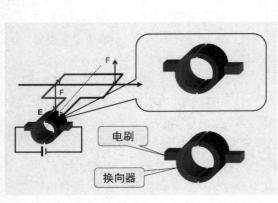

图 1－2－2

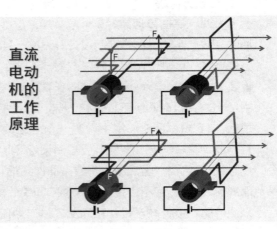

图 1－2－3

② 因线圈在不同位置的受力情况不同，所以需绘制线圈在磁场中不同位置的图形，分别进行分析讲解。绘制的图形如图 1－2－3 所示。

③ 为了进一步说明线圈转到不同位置时电刷和换向器的作用，需要设置动画，分析线圈每转动 90°的过程中，电流方向以及磁场方向的变化情况。进一步绘制的图形如图 1－2－4 所示。然后利用 PowerPoint 动画"强调"中的"陀螺旋"动画效果，可以设置线圈与换向器同步转动时的动画效果。边讲解边用录屏软件录制屏幕，即可制作出电动机工作原理的微课视频。

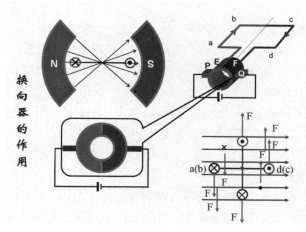

图 1-2-4

（2）格式要统一。

① 在设计录制微课视频的 PowerPoint 课件的过程中，每一个视频的封面要有相同的格式，课件封面每个级别的字体字号要统一，如果学校集体组织制作，学校要统一设计一个相对规范的模板，模板虽然统一，但是每个学科组可以使用不同的颜色，也可以放上自己学校的标识，如图 1-2-5 所示。

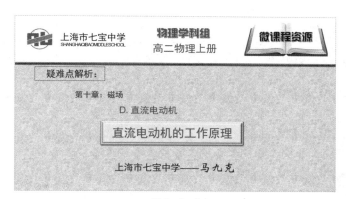

图 1-2-5

② 内容页面格式也应统一。每页的一级、二级等各级字体和字号都要相同，如图 1-2-6 所示。

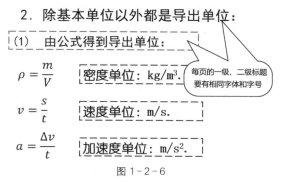

图 1-2-6

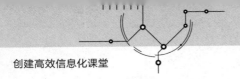

4. 教学单元微课视频的制作

设计教学单元微课视频时，要对整个单元的教学内容进行全面考虑，根据学科及教学内容的不同，将该单元的教学内容分成若干个知识点。下面以物理学科"牛顿第二定律的应用"为例，说明一个教学单元的微课程设计方法。

"牛顿第二定律的应用"是一个教学单元，涉及多个知识点，可以分成五个微课视频，当然这不是一节课的内容，而是整个教学单元的内容。

（1）划分单元知识点。

根据本单元的知识结构，将本单元的内容划分为若干个知识点，当然在划分的时候，不要仅仅局限于课本的知识，可以根据课本知识增添若干扩展知识点，本单元划分为五个知识点，对应的微课视频分别是：物理量的单位与国际单位制；牛顿运动定律的应用；斜面上的物体的运动；二力作用水平加速；超重和失重现象。

（2）设置统一格式。

① 封面格式相同。每个幻灯片的封面格式保持一致，如图 1-2-7 所示。可以通过幻灯片母板快速设置封面格式。

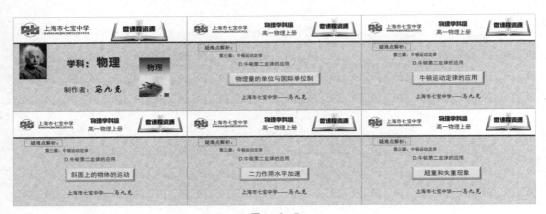

图 1-2-7

② 除了首页格式相同外，其他幻灯片的格式也要保持一致，即每个级别的字体、字号要相同，以保证幻灯片的整体风格相同。

三、 对教师提出较高要求

一般微课视频的制作不需要太多的资金投入，用录屏软件录制 PowerPoint 课件即可，制作和录制的全过程在家里书房或相对安静的场所即可完成。但是这对教师提出了较高的要求。教师一人分饰多重角色：自己当编剧；自己做导演；自己来演示；自己录制；自己对录制的视频进行剪辑；自己当剧务。

1. 教学业务能力

　　教师要有较强的教学业务能力和一定的教学经验。不论制作单个知识点微课程还是教学单元微课程，都要努力使微课视频在内容上具有科学性、准确性、逻辑性、知识性。

2. 信息技术技能

　　要比较熟练地掌握常用信息技术软件的应用技术；要掌握用 PowerPoint 制作课件中的配图、动画等的技术；要掌握网络视频的下载、裁剪等编辑技能；要掌握屏幕录制软件的应用技能。

3. 媒体文件与教学内容的融合能力

　　很多教师具有较强的传统课堂教学的能力，而在制作微课视频时，还要求其具有媒体文件与教学内容的融合能力，即要知道在讲解到哪些内容时需要绘制什么图形，设置什么动画，添加什么图片，插入什么视频等。

4. 艺术鉴赏能力

　　在微课视频设计的过程中，从视频制作的角度，不论是 PowerPoint 课件制作时的字体、字号以及文字颜色、背景颜色的设置，还是插入的图片、网络视频等，都要努力提高微课视频的视觉效果，使微课视频具有一定的艺术性和可观赏性，以此提高学生的学习兴趣。

四、 优质微课视频的标准

　　微课程的制作要遵循一定的标准和原则。

1. 聚集一个知识点

　　每个微课程只讲述一个教学知识点，这个知识点应是学生自主学习时需要教师讲述才能理解的内容，要站在利于学生自主学习的角度进行讲解。这些内容是学习的重点，或者难点、易错点。绝大多数学生能够自己通过阅读教材理解的内容，一般不需要制作成微课程。

2. 内容要简明扼要

　　微课视频的时间由于要控制在 10 分钟以内或更短（一般 5—8 分钟为宜），所以内容要简明扼要地概述知识点，点拨难点，突出重点，循序渐进帮助学生完成对知识点的学习。微课程的讲解有别于课堂教学，要精讲，所以每句话都要进行推敲，要预演。

3. 语言图像要清晰

　　微课视频中要使用规范的学术用语进行讲解，语言文字表述要清晰、有条理，易于学生理解。要避免出现习惯性的口语；画面布局应合理，成像应清晰，无制作缺陷。PowerPoint 课件画面要能够清晰地呈现学习内容，课件中的文字忌用宋体字，字号不能低于 30 磅；插入

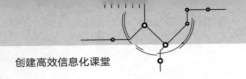

的视频画面要清楚,选用的图片要清晰等。

4. 适当选取制作技术

针对不同的主题,应选取合适的一种或者多种制作方法,恰当运用信息技术,帮助学生自主学习。注意:使用技术的目的在于辅助学生学习,切勿滥用动画、视频等技术,防止在讲解过程中分散学生学习的注意力。

5. 多维创新

录制微课视频进行信息化课堂教学,本身就是教学的创新活动,教育理念要创新,实施的教学模式要创新,运用的信息技术要创新,以此丰富教学策略,激发学生自主学习的兴趣,有助于学生对学习内容的理解学习。

微课视频还可分为随机微课视频和经典微课视频。随机微课视频一般制作简单,可以用手机录制或者平台系统自带的录制微课小工具以及网络上常见的简单录屏小软件录制,由于这些录制视频的工具操作简单但功能较少,不可以对录制的视频进行精细化编辑,所以它们仅适合录制一些作业习题,对学生进行学习辅导,这些微课视频制作起来简单易上手,可以立即发送。经典微课视频通常制作精美,可共享给别人且可以长久使用。这类微课视频一般用较复杂的录屏软件进行录制,目前较流行的是 Camtasia Studio 9.0。后面将详细介绍 Camtasia Studio 9.0 的使用技巧和方法。

五、 整体联动相互配合

有了课堂教学的模式创新,也制作了一些微课程,要想真正进行信息化的课堂教学改革,学校绝对不能像平常一样直接将工作布置下去就完事了,也绝对不能认为这仅是学校信息技术部门的事,学校各部门要各尽其责整体行动,要建立完善的领导、管理、服务机制。学校领导及各部门的职责分工如图1-2-8所示。

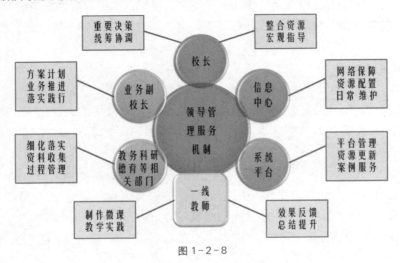

图1-2-8

1. 校长

负责信息化建设工作中的重要决策，统筹协调各个部门，整合学校各种资源，进行宏观指导。

2. 业务副校长

负责制订实施课堂教学改革的方案计划，并负责方案计划的推进落实。

3. 教务、科研、德育等相关部门

教务处、科研室及德育处等相关部门，要联合行动。

（1）教务处、科研室要负责方案计划的具体践行落实。注重实施过程的管理，指导信息化课堂教学方案的践行过程，及时发现实施过程中遇到的问题，并能够提出解决问题的方案。注重资料的收集管理，及时汇总相关数据，申报科研课题，进行教育教学的课题研究，最后要形成科研成果推广应用。

（2）德育处要做好班主任管理工作，注重学生的思想变化，要让学生尽快适应信息化课堂教学的新模式。要分析信息化课堂教学改革中德育工作遇到的新问题，探索研究信息化课堂教学改革中学生德育工作新的工作内容和工作方式。

4. 信息中心

要负责学校网络以及信息技术工具的日常维护，保障资源的配置。

5. 一线教师

学习掌握制作微课视频的技术和方法，制作微课程。将学校的课堂教学改革的实施方案践行落实在自己的教学实践中，并及时反馈实施过程中遇到的问题，总结经验。要尽快形成有自己学科特色的课堂教学模式。

6. 系统平台

系统平台的供应商应提供全方位服务。不仅应提供日常的系统更新维护服务，还要能够为学校提供案例服务，即为学校提供课堂教学改革的专家团队服务，提供到成功案例学校去考察学习的条件，帮助学校尽快适应新型的课堂教学模式。

总之，在信息化的课堂教学改革中，不能够只对教师提出泛泛的要求，要制订详细的课堂教学流程，并严格执行，要有方案、有措施、有检查、有落实，把课堂教学改革的方案真正落到实处。教育信息技术应用在课堂教学中，是教育信息化建设的主要任务，而要想真正用好用活，并且应用信息技术大面积提高教学质量，就要齐抓共管。信息化建设中的课堂教学问题，绝对不是学校信息中心一个部门的事情，教研室、教务处等教学科研部门也要整体联动，才可以取得成功。对于地市教育局而言，信息化课堂教学的改革，绝对不仅仅是电教馆的事，电教馆只是提供技术设备保障的部门，课堂教学更是学科教学研究部门和科研部门的事。要多部门整体联合行动才可能成功。

六、 信息化课堂教学的逻辑关系

我们多年来一直倡导的教育理念是：先学后教以学定教，让学生成为课堂教学的主体，要实施精细化个性化的教学。这些先进的教育理念，喊了多年实际上并没有真正落实在课堂教学中。究其原因，是由于没有信息技术工具，不可能为学生的自主学习提供数字化的课程资源。课堂上即使进行了小组合作学习，但是由于没有网络系统的快速评价激励机制，就很难调动学生参与课堂教学的积极性和主动性。由于不能快速即时地进行学情反馈和分析，就很难保证实施精细化、个性化的教学。这也就是多年来一直倡导的先进的教育理念不能够很好落实，多数课堂仍以传统的"满堂灌"为主。

先进的教育理念落实在课堂教学中，要有一定的实施策略和保障措施以及技术的支持。先学后教以学定教的教育理念，必须是建立在学生自主学习的基础上，通过对学生自主学习的测试练习以及网络平台的师生互动交流，充分了解学情，而学生自主学习必须要有内容丰富、形式多样的能够激发学生学习兴趣、提高自主学习效率的数字化课程资源。课前测试练习结果的快速反馈也为个性化的课堂教学奠定基础。课堂上要让学生成为课堂教学的主体，必须要让学生通过合作学习的小组，在学生自主学习的基础上，根据教师拟定的问题，利用系统的自动快速记分功能，保障学生在课堂中总是充满激情的进行讨论、交流、辨思、质疑。要实施精细化、个性化的课堂教学，必须要通过系统的大数据分析，即时快速的了解学情，针对不同的学生个体以及学生知识的掌握情况，进行精细化、个性化的教学。

信息化课堂教学中各环节的逻辑关系如图1-2-9所示。由此可见，没有信息技术支持，不可能实施真正的高效课堂，不可能把先进的教育理念真正地落实到课堂教学中。

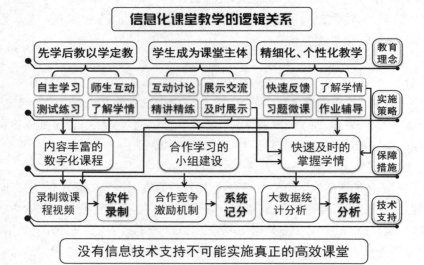

图1-2-9

第二单元

微课视频
录制技术

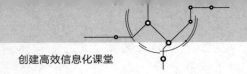

创建高效的信息化课堂所必需的数字化课程资源中最重要的是微课视频。网络上虽然有海量的课程资源，但是能够满足自己教学需要且适合本校学情的极少，因此教师必须要根据自己的学情，学会自己录制微课程视频。

对于普通教师而言，微课视频的制作通常有两种渠道，一种是先制作优质 PowerPoint 课件，它应该包含绘制的图形、设置的动画，以及插入的图片和音视频文件。制作好 PowerPoint 课件后，利用录屏软件进行录制。另一种是通过下载、录制或录屏等方法获得网络视频后，进行编辑加工，截取的视频片段可以直接插入到 PowerPoint 课件中，进一步提高 PowerPoint 课件的质量。对于较完整的网络视频，特别是完整的实验视频或其他可以直接使用的视频，可稍作加工后，添加片头、片尾再重新生成视频文件。需要注意的是，在加工使用网络资源时，必须遵守著作权法，教学中使用的相关资料也仅能用于教学场景。

制作微课视频的流程如下图所示。

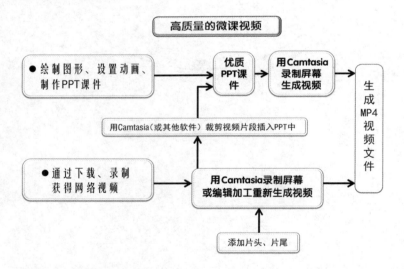

不论是通过 PowerPoint 录制课件还是直接录制、编辑网络视频，都需要能够录制屏幕和对视频进行剪辑、编辑等操作的具有综合功能的录屏软件，这要首推 Camtasia Studio 录屏软件。本单元首先介绍在 PowerPoint 中使用的一款简单易学的具有录屏功能的 PowerPoint 插件 Office Mix，然后重点介绍 Camtasia Studio 9.0 录屏软件的各主要功能，供想制作较高质量的微课视频的读者学习使用。

如果学校有较强的实力，还可以组织专业团队使用专业设备录制微课视频，并对视频进行后期编辑、加工制作。

第一课

用 Office Mix 录制
微课视频

Office Mix 是微软发布的一款基于 PowerPoint 应用的免费插件，既可以录制 PowerPoint 中演示的画面，也可以录制电脑屏幕上的操作。在 PowerPoint 2013（及以上版本）中，下载并安装好 Office Mix（中文版的 Office Mix 插件安装好后一般不需要更新）插件后，PowerPoint 2013 的菜单栏中会增加一个"MIX"选项卡。"MIX"选项卡对应的功能区中常用的功能自左向右主要有：幻灯片录制、屏幕录制、屏幕截图、插入视频、插入音频、预览、导出到视频等，如图 2-1-1 所示。通常使用幻灯片录制和屏幕录制这两种功能制作微课视频。

图 2-1-1

一、 幻灯片录制

幻灯片录制功能是将 PowerPoint 文件演示过程中的页面内容、音频、视频和在幻灯片上的书写过程录制下来。打开扩展名为"pptx"（不支持"ppt"）的文件后，单击"幻灯片录制"按钮，进入幻灯片录制的工作界面，如图 2-1-2 所示。该界面分为三大区域：顶端的功能按钮区、中间的幻灯片页面录制区和右边的工具区。

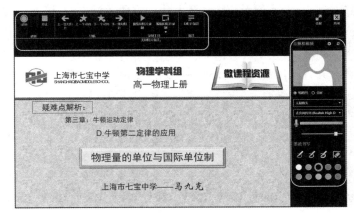

图 2-1-2

1. 功能按钮区

功能按钮区如图2-1-3所示，共有9个功能按钮，从左往右依次为：

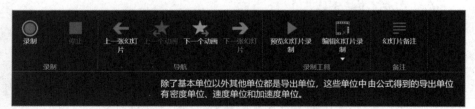

图2-1-3

（1）录制：点击此按钮，可录制幻灯片讲解时的音频、视频和书写、绘画的动作画面。

（2）停止：录制过程中点击此按钮，即停止幻灯片的录制。

（3）上一张幻灯片：切换到前一张幻灯片。若当前幻灯片为第一张，则该按钮为灰色非激活状态。

图2-1-4

（4）上一个动画：切换到上一个动画。若当前动画为第一个动画，则该按钮为灰色非激活状态。

（5）下一个动画：切换到下一个动画。

（6）下一张幻灯片：切换到下一张幻灯片。

（7）预览幻灯片录制：可预览当前幻灯片上已录制好的讲解视频。

（8）编辑幻灯片录制：可对当前录制的视频进行剪裁或删除的操作，如图2-1-4所示。

（9）幻灯片备注：若该幻灯片包含备注信息，单击此按钮，则会在功能按钮区下部显示，备注信息可以作为讲课时的提示稿，如图2-1-3所示。

2. 工具区

工具区界面如图2-1-5所示。包括摄像头和麦克风设置、墨迹书写设置。一般使用默认设置即可。

（1）设置摄像头和麦克风。

① 点击摄像头设置下拉框，可设置录制的视频中是否包含录制者的头像。若选择"Surface Camera Front"，可把录制者的头像录制到视频中。

② 点击麦克风下拉框，可设置录制的视频中是否包含语音信息。默认选择"麦克风阵列（Realtek High Defini）"，即将录制者的讲解语音录制在视频中。如图2-1-6所示。

（2）设置墨迹书写。

① 墨迹书写工具区提供细笔、中笔、粗笔三种不同粗细的画笔，并可随时为画笔更改

图 2 - 1 - 6

图 2 - 1 - 5

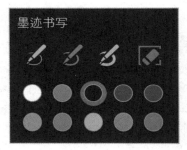

图 2 - 1 - 7

颜色。如图 2 - 1 - 7 中所示。系统默认使用中等粗细的黑色画笔。

② 使用橡皮擦。点击图 2 - 1 - 7 中右上角所示的橡皮擦工具,即可擦除当前幻灯片上画笔所绘内容(注意:橡皮擦擦除动作会与擦除前后的画笔动作一同被录制下来,体现过程性)。

3. 录制幻灯片

单击"录制"按钮,进入录制界面,可为当前幻灯片页面录制视频。

(1)模式切换。单击界面右上角的斜双向箭头按钮,可进行全屏模式与非全屏模式的切换,如图 2 - 1 - 8 所示为全屏录制模式,在该种模式下,书写工具区变成一栏。不同的界面模式录制的效果是一样的。

(2)在录制的过程中,可以暂停或继续录制,录制完毕后,单击停止按钮停止录制,录制好的视频会插入到当前 PowerPoint 页面上。当前 PowerPoint 页面的右上角将会添加一个声音图标(如果开通摄像功能,则会出现视频图标)。

(3)注意:由于 Office Mix 的录制是把每一张幻灯片作为一个画面单元,每一张幻灯片都单独有一个音频文件,所以在一张幻灯片录制时要把一句话说完整再切换到下一张幻灯片,不能在录制某一句话过程中切换幻灯片。

(4)由于每一张幻灯片是一个单元,所以如果一张幻灯片录制有问题,可以单独重新录

图 2-1-8

制该幻灯片。

4. 录制后及保存

（1）录制好的 PowerPoint 文件，每张幻灯片右上角都添加了一个音频文件，在幻灯片播放时右上角会显示一个声音图标，若不想显示该图标，可以在播放前，把幻灯片右上角的声音图标拖拽到右边幻灯片外面，这样可以避免播放时右上角出现声音图标。如图 2-1-9 所示。

（2）在"切换"选项卡的功能区右边，可以看到根据录屏的时间长短自动添加的换片时间，如图 2-1-9 所示，实现幻灯片的自动播放。

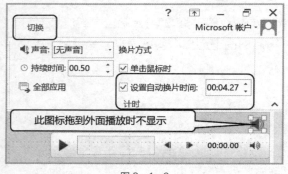

图 2-1-9

图 2-1-10

（3）录制好的包含有课程讲解音频的 PowerPoint 文件，可以像保存普通 PowerPoint 文件一样"另存为"副本，这个文件作为生成视频前的原始文件，当打开该 PowerPoint 文件进行播放时，会像播放微课视频一样自动播放。还可以在文件中进行修改，或在任意位置插入某一张幻灯片单独录制，即对录制的原始文件可以进行补录和修改。

（4）删除录制的痕迹。录制好的 PowerPoint 文件，可以删除声音及自动计时的设置，恢复原状。在"幻灯片放映"选项卡中点击"录制幻灯片演示"，点击"清除"，可以清除所有幻灯片中的计时及旁白，如图 2-1-10 所示。

5. 导出视频文件

要把录制好的 PowerPoint 文件保存为 MP4 文件，有以下两种方法。

（1）直接另存为视频文件。在录制好的 PowerPoint 文件中，点击"另存为"后，选择"MPEG-4 视频(*. mp4)"，点击"保存"即可，如图 2-1-11 所示。保存的视频默认为 1920×1080 的高清视频。

（2）通过"导出"创建视频。利用"创建视频"可以自定义输出视频文件的质量。在 PowerPoint 界面左上角点击"文件"，选择"导出"，选择"创建视频"，在"演示文稿质量"中可以选择视频文件的输出质量，默认保存为

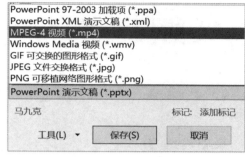

图 2-1-11

1920×1080 的高清视频，与前面使用"另存为"保存视频的效果是相同的。点击下面的"创建视频"即可，如图 2-1-12 所示。点击"创建视频"后返回至另存为视频的保存状态。下面的"放映每张幻灯片的秒数"，指的是如果有多余幻灯片没有录制，会以此时间切换幻灯片，所以若存在没有录制的幻灯片，要将其隐藏起来，这样则无需关心此处数值。

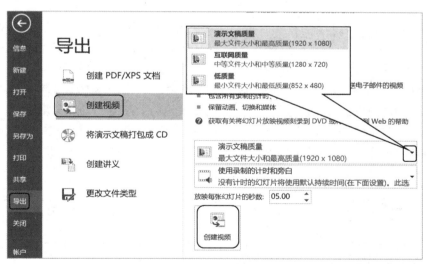

图 2-1-12

二、 屏幕录制

"幻灯片录制"仅用于录制幻灯片在放映时的讲解与操作，若需要录制电脑屏幕上的操作界面，需要用到"屏幕录制"功能。在 Office Mix 功能区点击"屏幕录制"，在界面上方会出现录制工具条，如图 2-1-13 所示。

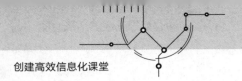

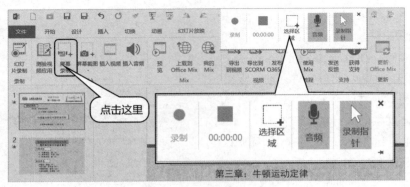

图 2-1-13

1. 录制前的设置

（1）选择区域。单击"选择区域"按钮，可自定义录制屏幕的区域与大小。如果录制其他软件操作界面，可以通过点击 Windows 键切换到其他界面后再进行录制区域的选择。

（2）音频和录制指针。音频和录制指针默认处于激活状态。点击可以退出激活状态。

图 2-1-14

2. 屏幕录制

（1）单击工具条中的录制按钮，倒计时三秒，然后开始录制屏幕，此时工具条呈现如图 2-1-14 所示录屏状态，并隐藏在界面上方，当鼠标移到界面上部，工具条自动出现。录制可以暂停也可以重新开始。右下角有一个固定到前端的按钮可选用。

（2）当屏幕录制完毕后，稍停顿两秒，鼠标移到界面上端，出现录制工具条（此画面也会被录制），点击结束按钮后，录制好的视频会自动插入当前 PowerPoint 页面上，如图 2-1-15 所示。点击下面的播放按钮可以预览录制好的视频画面。屏幕录制的视频与在 PowerPoint 上面利用"插入"选项卡中插入到 PowerPoint 中的视频播放等操作方法是一样的。

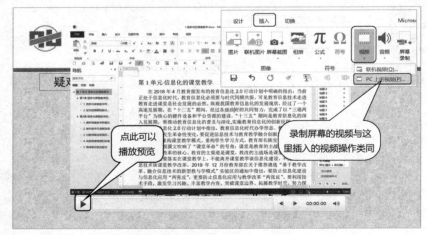

图 2-1-15

3. 屏幕录制视频的剪辑

视频录制完毕，并插入到当前页面后，单击视频，在上面打开"视频工具"的"播放"选项卡，如图2-1-16所示，在该功能区中可对视频进行剪裁、淡入淡出、音量、播放效果等设置。这些设置对于利用"插入"选项卡插入的视频同样适用。

图 2-1-16

（1）剪裁视频。经屏幕录制制作出的视频前面部分和后面部分常常需要删除，可以利用"剪裁视频"功能完成对视频前后两端的"剪裁"。在播放时只播放中间保留的部分。单击"剪裁视频"，打开"剪裁视频"界面，在"开始时间"和"结束时间"框中设置好视频的开始时间和结束时间，或将开始点绿色游标和结束点红色游标移动到合适的位置，然后单击"确定"按钮。若要对视频进行精细调整，可单击上一帧、下一帧"微调按钮"对视频的剪裁区域进行微调，然后单击"确定"按钮即可，如图2-1-17所示。

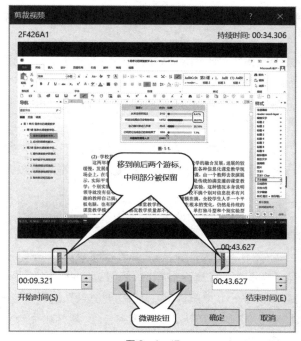

图 2-1-17

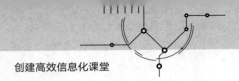

（2）视频的淡入淡出。若要设置视频的淡入、淡出效果，在"淡入"框中设置好视频的淡入时间，在"淡出"框中设置好视频的淡出时间即可，如图 2-1-18 所示。淡入淡出效果能让视频在播放时实现平滑过渡，而不至于显得非常生硬。

（3）视频的音量设置。若在视频录制完毕后，对音频的音量效果不满意，还可以在"音量"菜单中对音量的大小进行设置。点击"音量"下的小三角形，展开"音量"设置选项，选择对应的选项即可，如图 2-1-18 所示。

图 2-1-18

图 2-1-19

4. 视频的播放设置

在"视频选项"组中可设置视频的播放效果，如图 2-1-19 所示。一般可采用默认设置。"开始"播放选项，分为"单击时"播放和"自动"播放两种。"单击时"是指在 PowerPoint 播放状态下，单击鼠标可播放视频。"自动"是指当 PowerPoint 处于播放状态时，会自动开始播放视频。

（1）"循环播放，直到停止"：当 PowerPoint 处于播放状态时，当前页面的视频会不断循环播放，直到单击鼠标时停止播放视频。

（2）"全屏播放"：当 PowerPoint 处于播放状态时，当前页面的视频会以全屏的方式进行播放。

（3）"未播放时隐藏"：当 PowerPoint 处于未播放状态时，该视频会被隐藏掉。

（4）"播完返回开头"：当 PowerPoint 处于播放状态时，视频播放完后将返回开头的第一幅图像。

5. 屏幕录制视频的保存

（1）视频剪裁部分的删除。在图 2-1-17 中进行"剪裁"后，虽然播放时前后被"剪裁"掉的不再播放，但是剪裁部分并没有真正被删除，如果直接保存，文件不会变小。可以采用压缩的方式删除被剪裁掉的部分。点击界面左上角的"文件"，进入后台界面，在"信息"选项中，点击"压缩媒体"，如图 2-1-20 所示。这样原来音频、视频和图片文件中被剪裁掉的部分均会被删除，重新保存时文件会变小。

（2）经屏幕录制制作出的视频，对其进行简单剪裁后，可以导出为 MP4 视频文件。直

图 2-1-20

接在录制好的视频界面右击鼠标，点击"将媒体另存为"，如图 2-1-21 所示。然后选择文件保存位置，保存即可，如图 2-1-22 所示。

图 2-1-21

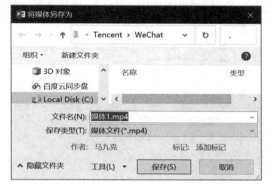

图 2-1-22

三、 屏幕截图

利用屏幕截图功能，可快速截图并插入到当前 PowerPoint 页面上，这比借助 Windows 操作系统自带的或专门的截图软件截取图像，再将其插入或复制到 PowerPoint 中要方便。单击"屏幕截图"按钮，下端出现"可用视窗"界面和"屏幕剪辑"功能，如图 2-1-23 所示。

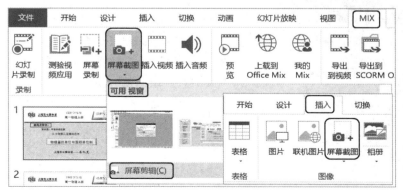

图 2-1-23

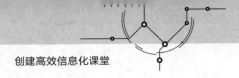

与"插入"选项卡中的"屏幕截图"操作方法类同。

1. 可用视窗截图

若要截取一个视窗图，可使用"可用视窗"功能。单击"可用视窗"下的某一个视窗，即可完成视窗屏幕截图，并自动插入到当前 PowerPoint 页面中。

2. 屏幕剪辑截图

若只需要截取屏幕上的某一部分，可使用"屏幕剪辑"截图功能。单击"屏幕剪辑"，选取需要截图的屏幕内容，即可完成截图，并可自动插入到当前 PowerPoint 页面中。

四、其他操作工具

在"MIX"选项卡下面还有其他几个操作工具，如图 2-1-24 所示。

图 2-1-24

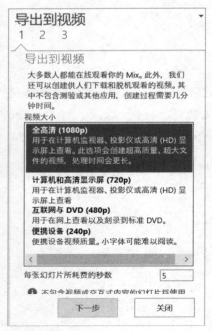

图 2-1-25

1. 插入视频和插入音频

此处的"插入视频"和"插入音频"与在 PowerPoint 界面"插入"选项卡中的插入操作方法类同，不再赘述。

2. 视频导出

点击界面上的"导出到视频"，在右侧即出现"导出到视频"引导界面，如图 2-1-25 所示。选择合适参数并点击"下一步"后，立即跳转至保存界面，保存即可。此处对"幻灯片录制"的导出操作与本课幻灯片录制部分所介绍的导出视频文件的操作类同。此法一般不适用于"屏幕录制"产生的视频。

五、运用"录制幻灯片演示"功能录制微课视频

利用 PowerPoint 2013 自带的"录制幻灯片演示"工具，也可以方便地录制微课视频。

1. 录制方法

（1）打开 PowerPoint 课件以后，点击"幻灯片放映"选项卡按钮，然后点击"录制幻灯片演示"，可根据实际情况选择是"从头开始录制"还是"从当前幻灯片开始录制"，如图 2-1-26 所示。

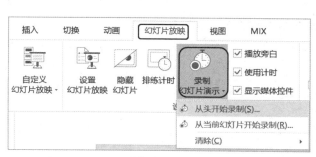

图 2-1-26

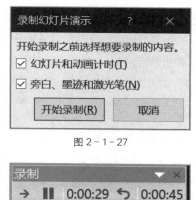

图 2-1-27

图 2-1-28

（2）选择录制方式后，打开"录制幻灯片演示"设置窗口，选择需要录制的内容（幻灯片和动画计时或书写笔迹等），选择后点击"开始录制"按钮，如图 2-1-27 所示。通常采用默认设置即可。

（3）点击"开始录制"按钮后，幻灯片进入播放模式，在左上角出现"录制"控制界面，如图 2-1-28 所示。此时可点击左边的箭头按钮控制幻灯片的播放，也可以直接在幻灯片上单击鼠标控制幻灯片的播放。录制过程中可以暂停，点击右上角的"×"，录制结束。

2. 录制效果及文件的保存和生成

（1）幻灯片的讲解和录制完毕后，所录制的内容会自动插入到每张幻灯片页面中，即每一张幻灯片的右下角都会出现音频文件图标。此时可通过点击"幻灯片放映"选项卡中的"从头开始"按钮，查看录制效果。

（2）录制后文件的保存。可以"另存为"，将文件保存为普通的".pptx"文件，便于以后修改。

（3）生成视频文件。利用"录制幻灯片演示"的方法生成的录制文件，再生成视频文件的方法与本课幻灯片录制部分所介绍的导出视频文件的方法类同的，此处不再赘述。

这种利用"录制幻灯片演示"功能录制微课视频的方法，与 Office Mix 中的"幻灯片录制"和保存及视频生成的方法类同。

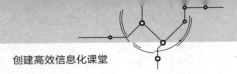

Camtasia Studio 9.0 软件各区域功能介绍

第二课

Camtasia Studio 是一款专业的屏幕录制和编辑软件。它为用户提供了强大的屏幕录像、视频剪辑和编辑以及视频转场等功能。使用该软件，可以方便地进行屏幕录制、视频剪辑，以及转场效果、标注和字幕添加等操作，并能将编辑好的媒体文件以 MP4、WMV、AVI、GIF 等视频格式输出，或者仅输出 M4A 格式音频文件。下面以 Camtasia Studio 9.0 版本为基础进行讲解，Camtasia Studio 9.0 只能在 Windows7 以上的 64 位操作系统上运行，不支持 32 位操作系统。

一、认识软件界面

1. 进入初始欢迎界面

成功安装了 Camtasia Studio 9.0 后，打开软件会进入初始欢迎界面，该界面分三个部分：开始、最近项目和教程。点击"新建项目"即可创建新项目，如图 2－2－1 所示。在"教程"中有多个关于软件使用的英语教程，点击即可观看。如果不需要每次启动该界面，可以将左下角"启动时显示"前面的钩去掉。

图 2－2－1

2. 软件界面简介

点击"新建项目"后，进入如图 2－2－2 所示的界面。包括菜单栏、工具栏、媒体箱、预览区、编辑区等。部分区域的主要功能如下：媒体箱用于放置等待编辑的媒体素材文件；预览区用于预览媒体文件;编辑区用于编辑媒体文件。

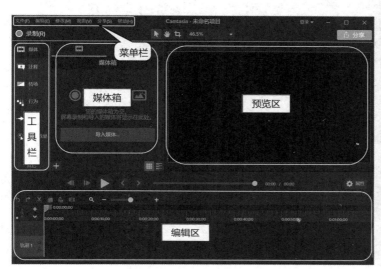

图 2 - 2 - 2

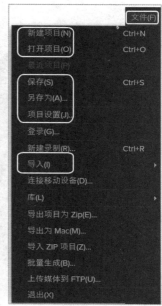

图 2 - 2 - 3

二、菜单栏

Camtasia Studio 9.0 菜单栏包括"文件"、"编辑"、"修改"、"视图"、"分享"和"帮助"六个菜单。

1. "文件"菜单

"文件"菜单中常用功能有"新建项目"(相当于 Word 中的"新建文档")、"打开项目"(打开已经保存的项目文件)、"项目设置"(可设置画布的大小和画布的颜色)。画布大小一般默认为录制画面的大小即可。"导入"即导入媒体文件。如图 2 - 2 - 3 所示。注意:Camtasia Studio 9.0 录制的文件的扩展名是"trec";Camtasia Studio 9.0 编辑后保存的文件称为项目文件,其扩展名是"tscproj"。打开项目文件即打开扩展名是"tscproj"的文件。

2. "编辑"菜单

(1)"编辑"菜单中包括"复制"、"粘贴"、"删除"等常规操作。"分割"即把轨道上的某一段素材文件分离成两段;"分离音频和视频"即把某一轨道素材中的音频和视频分离成两个独立轨道上的素材,如图 2 - 2 - 4 所示。

(2)设置"首选项"。点击"编辑"菜单中的"首选项",在"时间"选项卡中,可以将动画持续时间设置为 3 秒,在"高级"选项卡中,不要选中"启动自动升级检查",如图 2 - 2 - 5 所示。

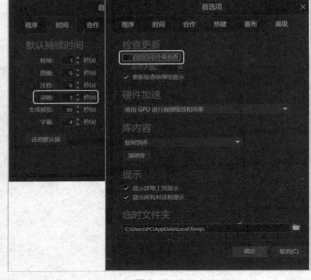

图 2-2-4   图 2-2-5

3. "视图"菜单

通过"视图"菜单可显示或隐藏工具、属性和轨道，还可以放大或缩小画布和时间轴，如图 2-2-6 所示。此菜单很少使用。

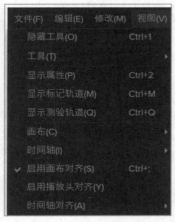

图 2-2-6   图 2-2-7

4. "分享"菜单

"分享"菜单主要用于设置生成的视频文件的格式以及要分享到什么地方，主要使用"本地文件"，即把编辑好的视频文件在本地生成文件。"导出帧为"的作用是导出一幅图像。"仅导出音频"即只导出编辑素材中的音频文件。如图 2-2-7 所示。

三、 工具栏、媒体箱和预览区

1. 工具栏

工具栏包括"媒体"、"注释"、"转场"、"行为"、"动画"等，点击"其它"会显示出更多工具，如图 2-2-8 所示。"媒体"可以导入媒体文件到媒体箱；利用"注释"可以添加标注；"转场"用于在两段视频间添加过渡效果，使画面衔接更流畅；"行为"用于为视频添加特效，以文本的动画形式来展现动画效果；"动画"用于为画面添加放大效果；利用"语音旁白"可以为某一段视频重新录制语音；在"音频效果"中可以对视频文件的声音进行降噪，改变音量的大小；利用"字幕"工具可以为视频添加字幕效果。

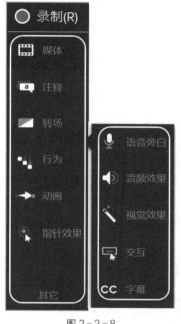

图 2-2-8

图 2-2-9

2. 媒体箱

媒体箱是用来存放需要编辑的媒体素材文件的"容器"，能够导入的媒体文件包括录制的媒体文件和电脑中已有的图像、音频和视频等四类文件。在媒体箱中点击小加号图标，或者右击鼠标，点击"导入媒体"，可以把电脑中的媒体文件导入媒体箱中，如图 2-2-9 所示。媒体箱中的文件都可以通过鼠标拖拽的方法添加到下方编辑区。

3. 预览区

预览区可用来预览媒体文件，当在时间轴面板上编辑媒体文件时，可在此区域预览编辑的效果。预览区的下面有几个播放控制按钮，播放进度条右侧显示已播放的时长以及媒体文件的总时长。如图 2-2-10 所示。

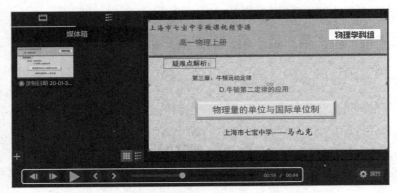

图 2 - 2 - 10

四、编辑区

1. 各部分主要功能

　　编辑区是对媒体素材进行编辑加工的区域。上面是编辑工具区，有撤销、恢复、剪切、复制、粘贴、分割及缩放时间轴等工具按钮。中间是时间轴面板，上面有三个游标，分别是指示起始位置的绿色游标，指示末状态位置的红色游标以及指示时间线（或称播放头位置）的时间游标。在进行复制、删除等编辑操作时，先通过拖动游标选中一段媒体，在时间轴某处双击鼠标，三个游标可以集中在一起。下面为轨道区域，如图 2 - 2 - 11 所示。选中某一区域右击鼠标，可以进行复制、粘贴、删除等操作。在某一轨道上点击一下（即选中轨道上的媒体素材），将时间线置于某处，点击"分割"按钮，可以把文件分割为两部分。

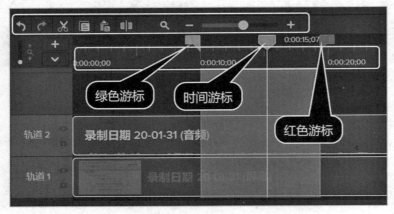

图 2 - 2 - 11

2. 轨道相关操作

　　（1）添加删除轨道。在左边轨道图标上（或轨道空白处）右击鼠标，可以"插入轨道"（即添加轨道）或者"删除轨道"。点击左上角的加号图标也可以添加轨道。如图 2 - 2 - 12 所示。

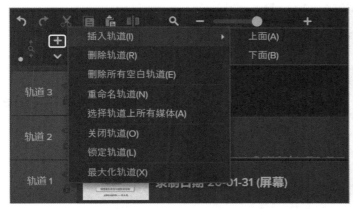 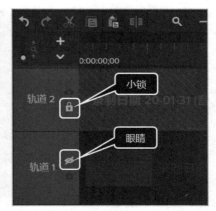

图 2-2-12   图 2-2-13

（2）锁定轨道与解锁轨道。在媒体素材的编辑过程中，经常会只对某一轨道进行操作（如在某轨道上选中某一段复制、删除等），就需要利用锁定功能把其他轨道锁定。单击需要锁定的轨道左侧的小锁图标，当锁的状态变为锁定状态时，该轨道就被锁定。轨道锁定以后，就不能够对该轨道上的内容进行编辑操作了，如图 2-2-13 所示。

（3）关闭轨道与启用轨道。点击轨道上的眼睛图标，可以关闭轨道。关闭轨道后该轨道上媒体素材的内容将无法在预览区显示，也不能够对该轨道上的媒体素材进行编辑，如图 2-2-13 所示。

第三课　Camtasia Studio 9.0 视频的录制与基本剪辑

一、录制前的设置

录制前需要对电脑和软件分别进行设置。

1. 电脑的设置

录制前要设置电脑显示参数即分辨率，并测试电脑的麦克风。

（1）设置电脑显示参数。录制的视频文件画面宽高比一般分为 16：9 和 4：3 两种。录制的文件如果要在普通台式机上观看，可以把电脑的显示宽高比设置为 4：3，通常将分辨率设置为 1024×768。如果考虑要在手机上或者笔记本电脑上播放，显示宽高比可以设置为 16：9，如可将分辨率设置为 1920×1080。设置的方法是：在电脑桌面上右击鼠标，点击"显示设置"，在"显示"选项中，点击"显示分辨率"，选中某一分辨率，如图 2 - 3 - 1 所示（此图为 Windows 10 操作系统界面）。在一组分辨率数据中，两个数相除约等于 1.778，对应的宽高比即为 16：9，如 1920/1080≈1.778。建议设置宽高比为 16：9。

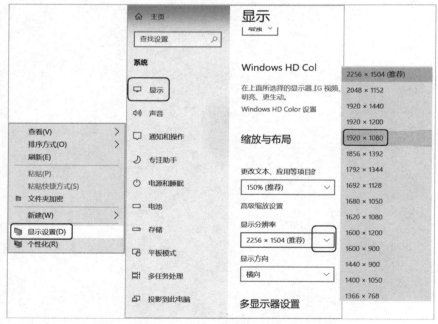

图 2 - 3 - 1

（2）麦克风的测试。在电脑右下角声音图标上右击鼠标，点击"打开声音设置"，在"声音"设置选项中，观察"测试麦克风"，有声音输入时，麦克风图标后的音量显示条会有闪动，如图2-3-2所示。

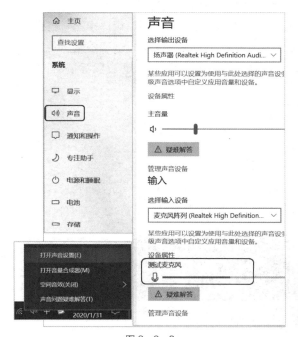

图2-3-2   图2-3-3

2. 录像机设置

在图2-2-8中，点击工具栏上的"录制"按钮，即可打开录像机界面，如图2-3-3所示。

（1）设置选项。在录像机界面上点击"工具"菜单中的"选项"，在"常规"选项卡中，点击"文件选项"，在"输出文件名"中选择"输出时指定文件名"，如图2-3-4所示。这样录制完

图2-3-4

文件保存时可自定义保存路径和文件名，否则不容易找到文件自动保存的位置。

（2）选择区域设置。在录像机界面的"选择区域"中，点击"全屏"，即可全屏录制，也可以使用"自定义"设置录制区域，可以选择宽屏（16∶9）或标准（4∶3），数字越大，清晰度越高，同时文件也较大。这里选择的录制区域大小要与屏幕分辨率的设置相对应，如果点击"全屏"时，全屏画面与需要录制的画面（如播放的 PowerPoint 课件）不一致，可以点击"选择要录制的区域"，再用鼠标进行区域选择，如图 2-3-5 所示。一般在屏幕分辨率设置好后，直接点击"全屏"即可。录制区域选择好后，区域边缘会有绿色虚线框，可以通过鼠标拉动边框改变录制区域的大小。

图 2-3-5

图 2-3-6

（3）录像设置。在录像设置中，可以设置是否录制自己的头像（一般不需要），音频默认为开启，如图 2-3-6 所示。滑动音量控制滑块可改变音量，一般设置为 80% 即可。

二、录制屏幕

1. 开始录制

上述参数都设置好后，点击录像机界面右边的红色圆圈开始（rec）按钮，倒计时后就开始录制屏幕了。由于刚开始的一段时间往往无法完全进入讲课状态，没有关系，可调整好后再正式录课，前面不需要的一段在编辑时可以剪裁掉。在正常录制时如果突然说错了一句话，没有关系，为了使后续编辑时方便找到该位置，建议录制时做个标记，比如说"剪掉"或者说"错"，方便以后编辑剪裁，然后稍停顿两秒继续录制。

2. 暂停录制

在录制过程中，如果有电话和访客，按下 F9 暂停即可，再次按下 F9 可接着录制。在重新录制的时候，为了接续上前面被打断的声音和画面，可以将之前内容重复录制几秒，并标注语言标记便于查找（如说"剪掉"），编辑时将重复部分剪裁掉即可。在录制工具栏的暂停界面，可以"删除"已经录制的内容，如果按下"停止"按钮，则终止录制，如图 2-3-7 所示。

图 2 - 3 - 7   图 2 - 3 - 8

3. 录制结束

在录制过程中,按下 F10 则录制结束。如果在图 2 - 3 - 4 中设置了"输出时指定文件名",则出现设置文件名界面,保存后录制的文件会自动添加到 Camtasia Studio 9.0 的媒体箱中,并自动添加到编辑轨道上。

4. 直接录制 PPT

（1）如果在安装软件时选择了在 PowerPoint 中添加 Camtasia Studio 9.0 的插件,在 PowerPoint 中就会出现一个"加载项",在"加载项"选项卡下的功能区,显示了 Camtasia Studio 9.0 录屏的插件项目,点击"录制"即可开始录制,右边其余四项分别是：录制音频（默认打开）、录制摄像头、摄像头预览及录制选项,如图 2 - 3 - 8 所示。

（2）如果 PowerPoint 界面没有 Camtasia Studio 9.0 插件的加载项,可以在 PowerPoint 软件的界面左上角点击"文件"→"选项"→"自定义功能区",在"自定义功能区"选项卡中选中"加载项"即可,如图 2 - 3 - 9 所示。

图 2 - 3 - 9

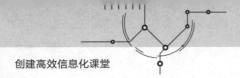

不推荐在 PowerPoint 中利用插件录制屏幕。

三、文件的导入与打开

用 Camtasia Studio 9.0 录屏后的文件在保存到电脑中后会自动添加到媒体箱中,同时添加到编辑轨道上,要添加电脑中原有的媒体文件到媒体箱,并进入编辑状态,操作方法如下:

1. 添加媒体文件到媒体箱

（1）在文件夹中双击扩展名为"trec"的录制的源文件,可以打开 Camtasia Studio 9.0 软件。与双击 Word 文件打开 Word 程序一样。

（2）在 Camtasia Studio 9.0 程序中可以添加媒体文件。在图 2-2-9 所示的媒体箱中,点击"导入媒体",找到电脑中需要导入的扩展名为"trec"的录制的源文件和其他音频、视频以及图像等媒体文件,导入后将文件拖拽到编辑轨道即可,如图 2-3-10 所示。可以在编辑区进行编辑,也可以在预览区预览。

图 2-3-10

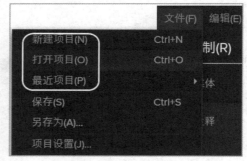

图 2-3-11

2. 打开项目文件

（1）在电脑文件夹中双击扩展名为"tscproj"的项目文件可以打开 Camtasia Studio 9.0 软件。与双击 Word 文件打开 Word 程序一样。

（2）在 Camtasia Studio 9.0 程序中点击"文件"→"打开项目"或者"最近项目",可以打开扩展名为"tscproj"的项目文件,如图 2-3-11 所示。与在 Word 程序中打开 Word 文件一样。打开后可以对项目文件继续修改编辑。

四、 视频的剪裁与分割

1. 视频剪裁

录制好的视频一般都会先进行剪辑，把开头不需要的部分或者中间录错的部分剪裁掉。

（1）剪裁掉初始部分。拖动时间游标，找到正式开始讲课的画面，再拖动绿色游标到最左端，即选中了需要剪裁掉的初始画面，然后点击工具栏上的小剪刀"剪切"工具，即可把该段画面剪裁掉，如图2-3-12所示。

图 2-3-12

图 2-3-13

（2）剪裁掉中间错误部分。播放视频找到中间错误的部分，通过拉动左右两个游标，确定剪裁的区域。如果需要剪裁的内容较少即时间较短，可以点击时间轴放大工具放大时间轴，精准选中剪裁的区域，剪裁方法同上。

2. 媒体素材分割和剪除

（1）分割视频。有时需要在轨道媒体素材某处插入其他媒体素材，就需要先把该媒体素材从某处剪断。先选中该轨道上的素材（在轨道上点击一下即可），媒体素材四周出现黄色边框即为选中，可以选中一个轨道，也可以音频和视频两个轨道全选，把时间线（或称播放头）置于需要分割的位置，然后点击工具栏上的"分割"按钮即可，如图2-3-13所示，即可把文件分离为两段。用鼠标点击轨道上的某一素材段落，可以将其左右拖动到任意位置。

（2）部分剪除。上述方法是把文件从中间分割开，也可以把文件中间某一部分删除，选中中间的一部分视频右击鼠标即可"删除"，或按下"Del"键删除。在删除后的空白位置可以插入其他媒体素材。

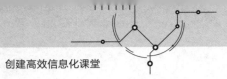

3. 插入媒体素材

（1）设置插入文件的空间。

① 媒体箱中的其他媒体文件（包括视频、音频或图片）可以直接拖拽到下面需要插入媒体素材文件的位置。首先需在要插入文件的地方留出适当的空间，如果要插入文件前端，可直接向后拖拽轨道上原来的文件，留出适当空间后把新文件拖拽到前端即可。如果想把新媒体文件插入原文件的中间位置，需要利用上述"分割"的方法先将视频从中间剪断再拖动后段，或利用删除的方法，留出适当空间后再把需要插入的媒体文件插入即可。

② 精确设置时间。鼠标点击游标时，可以精确显示出被选中区域的时长，然后在轨道上右击鼠标，点击"删除"，可以精确设置留出空间位置的大小，如图 2-3-14 所示。把其他媒体文件拖拽至此即可。

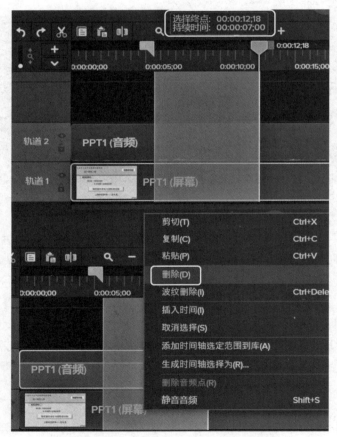

图 2-3-14

（2）改变图片显示时间。图片插入后，可以通过拖拽图片的边框调整图片显示的时间，也可以右击鼠标，点击"持续时间"后，精确设置图片出现的时间，如图 2-3-15 所示。

图 2-3-15   图 2-3-16

五、轨道上的音视频

1. 改变媒体素材的时间长度

要改变轨道上的音视频素材文件的播放时间，可以通过上述剪切法进行剪裁，也可以通过拖动音视频文件边框的方法达到目的。选中两个轨道上的音视频文件，将光标置于右端边框处，向左拖动时，相当于剪裁掉右边部分的视频，注意不可向右拖动，如图 2-3-16 所示。此方法也可在文件的前端使用。

2. 音视频分离及静音

（1）分离音视频文件。录制的文件一般分为两个轨道，下面是视频轨道，上面是音频轨道，上面的音频轨道是通过麦克风录制的声音，如果录制的是网络视频，下面轨道上既包含视频也包含系统音频。如果不想使用系统的音频，想要自己重新配音，则可以把下面轨道中的音视频文件分开，再单独编辑分离后的两个轨道上的音视频素材文件。在下面音视频轨道上右击鼠标，点击"分离音频和视频"，即可把下面轨道上的音视频文件分离在两个轨道上，如图 2-3-17 所示。音视频轨道的分离操作是不可逆的，即音视频分离后不能再将二者合在一个轨道上。

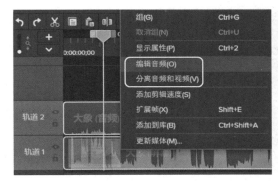

图 2-3-17   图 2-3-18

（2）调整音量。选中轨道文件，右击鼠标选中"编辑音频"，再上下拖动轨道上的绿色线，即可调整音量的大小，或直接拖至底部则全部静音。

（3）部分静音。若要轨道上所有文件静音，可以点击轨道左边的小眼睛图标，或在调整音量时向下拖动绿线。若要部分静音，可先选中需要静音的部分，再右击鼠标并选择"静音音频"，如图 2-3-18 所示。

六、预览区和全屏预览

在媒体素材文件的编辑过程中，需要预览编辑的效果。

1．分离画布

在预览区上面，点击画布选项窗口菜单，点击"分离画布"，则可实现画布的分离，如图 2-3-19 所示。

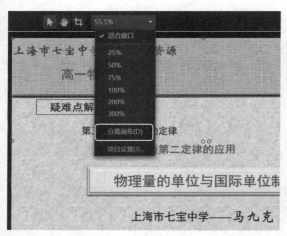

图 2-3-19　　　　　　　　　　　　　　　　　　图 2-3-20

2．全屏预览

点击右下角小方框，进入全屏预览状态，点击右上角的关闭按钮，可以退出分离画布状态。在全屏状态下当光标在画面外边时用鼠标右键单击，可以进行"放大"、"缩小"或"固定画布"等操作，如图 2-3-20 所示。在播放过程中按空格键，可以暂停或继续，按下"ESC"键退出全屏预览状态。

第四课

Camtasia Studio 9.0 视频的常用编辑功能

一、音频效果

1. 声音降噪

录制的视频文件，一般都要进行降噪处理以达到较好的音质效果。

（1）添加降噪效果。在侧边工具栏中点击"其它"，再点击"音频效果"，然后用鼠标将上面的降噪效果工具拖拽到下面轨道的媒体素材上即可降噪。降噪后点开音频轨道下方的小三角形，可看到音频轨道上已经添加了"降噪"效果，如图 2-4-1 所示。在小三角形图标上右击鼠标可以删除降噪效果。

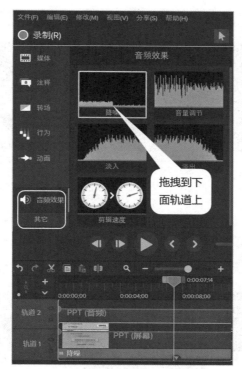

图 2-4-1

（2）灵敏度和量。添加降噪效果后，还可以在右边的"属性"中设置降噪"灵敏度"和"量"。"灵敏度"的数值一般设置为 10，"量"可以设置为 30。这些数值不是固定的，在实际操作的过程中要根据具体的录制情况和设备来设置数值，可以多测试几次，找出最佳的降噪灵敏度和量。最后点击"分析"，如图 2-4-2 所示。

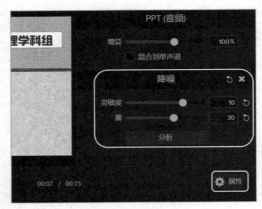

图 2-4-2

2. 淡入和淡出

画面有淡入淡出，同样地，音频也有淡入淡出。淡入淡出效果的设置方法是：分别将"音频效果"中的"淡入"和"淡出"拖拽到音频轨道上。如图 2-4-3 所示，拖动绿线上的小圆圈，可以改变淡入和淡出的时间（淡入和淡出一般不需要设置）。拖动中间绿线可以改变音量。

图 2-4-3

3. 剪辑速度效果

要改变播放的速度可以设置"剪辑速度"效果，将"音频效果"中的"剪辑速度"拖拽到音频轨道的素材上，在下面双击"剪辑速度"图标可打开其属性窗口，若在"速度"框中输入大于 1.00x 的值，语音速度会变快，反之语速会变慢，如图 2-4-4 所示。此设置一般不用。

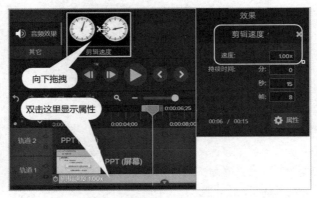

图 2-4-4

二、 标记注释

如果需要对讲解的内容进行强调或提示，可以添加注释（即标记）。

1. 添加注释

（1）添加注释框。将时间游标置于需要插入标记的时间点后，点击左侧边栏的"注释"，选中某个注释样式并将其拖拽至右边屏幕中即可。拖动注释框上的小圆圈可以改变注释框的形状，拖动注释框可以调整其位置，如图 2-4-5 所示。一般注释用带箭头的红方框即可。

图 2-4-5

（2）设置注释文字格式。双击注释可以编辑文字，点击注释（即选中）后打开右边的"属性"，在此可以设置注释文字的格式，如图 2-4-6 所示。点击上面的"注释属性"选项，可以

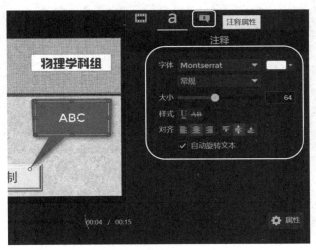

图 2-4-6

设置注释框的填充和线条格式等。

（3）改变注释出现的时间。注释是添加在另外的轨道上的，覆盖在原画面的上面。拖动轨道上的注释框可以改变注释在画面上出现的时间点，拖动左右边框线可以改变注释在画面上显示的时长，如图2-4-7所示。点击注释下面的小三角，右击鼠标可以删除注释的边框阴影。

图2-4-7

2. 特殊效果

（1）马赛克效果。在注释选项中，点击第四个水滴状图标，打开"模糊＆高亮"选项卡，选中"像素化"，拖拽到右边适当位置即可。在属性中可调整"强度"，如图2-4-8所示。利用马赛克效果可以遮盖住视频中出现的一些文字及图标，方法是将马赛克效果的标注放在原视频需遮盖的位置，用鼠标拖动马赛克区域四周的八个小圆圈，可以改变遮盖区域的大小，在轨道上拖动马赛克标注的右边框可调整显示的时长。

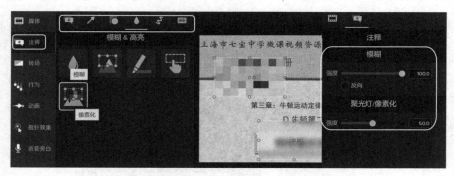

图2-4-8

（2）模糊效果。在"模糊＆高亮"选项卡中，选中"模糊"，拖拽到右边适当位置即可。在属性中可调整"强度"，类同图2-4-8所示的操作方法。

3. 更多标注

（1）除了"注释"和"模糊 & 高亮"的标注以外，还有"箭头 & 直线"、"草图运动"等，如图2-4-9所示，可以参考使用。

图2-4-9

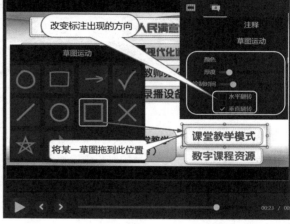

图2-4-10

（2）将某一草图标注拖到预览区某处，调整其位置，在右边的属性中，可以改变其颜色、出现的时间，勾选"水平翻转"或"垂直翻转"可以设置标注出现时转动的方向，如图2-4-10所示。

4. 设置字幕

利用添加注释的方法可以添加字幕。

（1）添加字幕。将文字注释拖拽到中间预览区，调整其边框大小、位置，设置边框及文字的格式，如图2-4-11所示。

图2-4-11

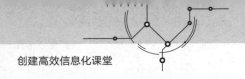

（2）调整出现的起始时间及出现时长。拖动轨道3上的注释图标可改变字幕在画面上出现的起始时间，拖动边框线可改变字幕出现的时长，如图2-4-12所示。第一个字幕（即注释）的格式设置好后，可以通过右击鼠标复制、粘贴的方法在其他位置添加字幕。

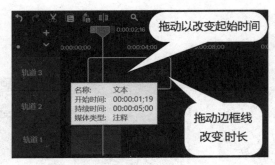

图2-4-12

三、转场效果

转场效果指的是一个画面到另一个画面的过渡效果，即两个不同媒体素材间的过渡。若要在同一个媒体素材间添加转场效果，需要先利用分割工具把画面分割开，再添加转场效果。

1. 添加转场效果

在左侧边工具栏中，点击"转场"，在"转场"选项卡中选中某一转场效果，向下拖拽到轨道中两个画面的交界处放手即可，如图2-4-13所示。

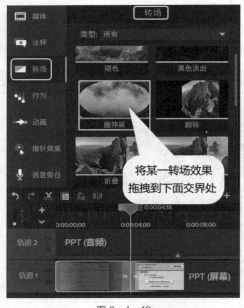

图2-4-13

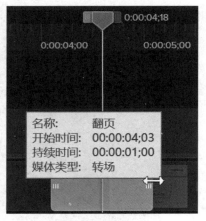

图2-4-14

2. 转场效果的设置

拖动转场效果的边框线，可以改变转场的时长，如图 2-4-14 所示。右击鼠标可以删除转场效果。若想改变转场效果，选中另一种转场效果拖动覆盖即可。

四、 放大效果

在讲课的过程中为了突出画面的某一部分，需要将该区域放大。

1. 添加放大效果

（1）将时间线置于需要添加放大效果的位置处，在工具栏中点击"动画"。在"缩放和平移"选项卡下面的界面中，用鼠标拖动画面右下角调整显示比例，或者在下面输入缩放比例的数值（一般 150% 较好），这时轨道上会出现向右箭头样子的放大图标，如图 2-4-15 所示。

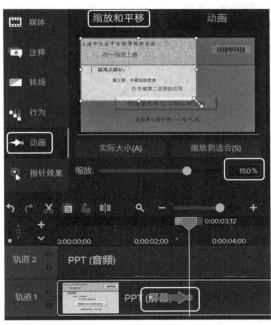
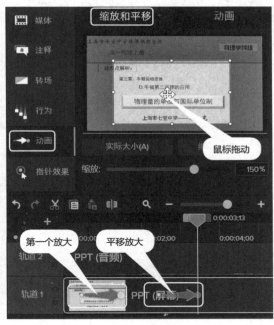

图 2-4-15　　　　　　　　　　　　　图 2-4-16

（2）放大效果平移。要在画面上显示移动放大区域的效果，则将时间线置于放大画面的末状态位置，再用鼠标拖动原放大的区域到适当位置即可，如图 2-4-16 所示。

（3）返回原大小。放大后要返回原大小，则将时间线游标置于返回原大小画面的末状态位置，然后点击"缩放到适合"即可，如图 2-4-17 所示。

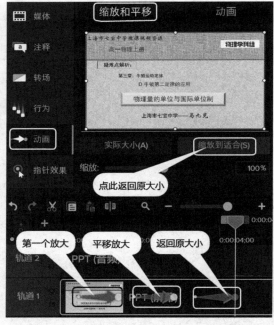

图 2 - 4 - 17

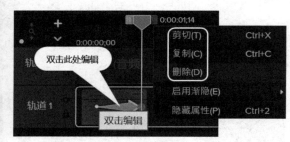

图 2 - 4 - 18

2. 修改、删除放大效果

（1）编辑和删除放大效果。在轨道上表示放大效果的箭头图标上双击，使其变为黄色，进入放大效果的编辑状态，可以调整放大的比例。在放大箭头上右击鼠标可以删除该放大效果，如图 2 - 4 - 18 所示。

（2）改变放大效果出现的时长。将光标放在放大箭头两端的小圆点上，用鼠标拉动即可调整时长。

五、 鼠标效果

录制好的视频如果想突出显示鼠标移动的效果，可以在此设置。

1. 添加指针效果

选择左侧边工具栏"指针效果"，在第一个"指针效果"选项卡中，拖动"指针高亮"到预览区即可。

2. 设置属性

点击一下预览区，右边会显示出"属性"区域，在此可以设置鼠标指针的颜色和大小等属性，大小一般设置为"20"较好，如图 2 - 4 - 19 所示。

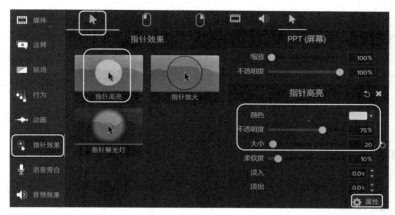

图 2 - 4 - 19

六、 录制语音

个别语句在录制时说错了，没必要重新录制全部内容，只需要在编辑时使用"语音旁白"功能重新录制说错的语句即可。

1. 补录错误之处

（1）删除错误之处。在工具栏中点击"语音旁白"，选中需要删除语音的区域，右击鼠标并点击"静音音频"，如图 2 - 4 - 20 所示。操作完成后，原来的错误音频将被删除。

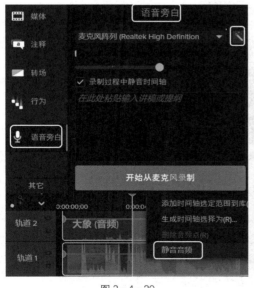

图 2 - 4 - 20

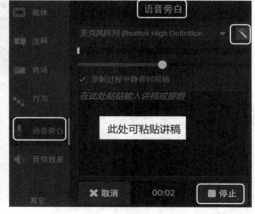

图 2 - 4 - 21

（2）补录语音。将时间游标移动到需要补录区域的左端，点击红色长键"开始从麦克风录制"，即可补录音频。按下"停止"键即完成，如图 2 - 4 - 21 所示。此时会提醒保存该音频文件。

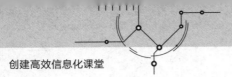

2. 当录音机使用

录制语音功能也可充当录音机使用。在主界面左上角点击"文件"→"新建项目",再在工具栏中点击"语音旁白",点击"开始从麦克风录制"即可录音。按下"停止"键即完成。注意保存音频文件。

七、添加字幕

录制的视频文件如果需要添加字幕,可以利用前面所讲的添加注释来添加字幕,也可以直接利用字幕功能来添加。

1. 输入字幕

在工具栏中点击"其它"→"字幕",将光标置于要添加字幕的位置,点击"添加字幕",直接输入文字即可,如图 2 - 4 - 22 所示。拖动轨道上字幕边框,可以改变字幕在画面上的位置,拖动边框线可以改变显示的时长,右击鼠标可以进行复制、删除等操作。

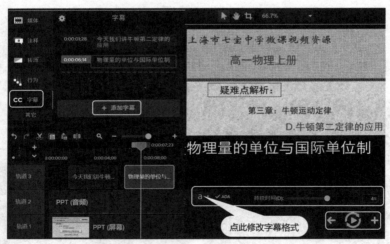

图 2 - 4 - 22

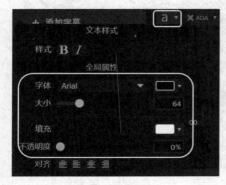

图 2 - 4 - 23

2. 编辑字幕文本样式

点击修改字幕文本样式按钮,在此修改文字大小及颜色等,如果不需要填充色,可以把"不透明度"设置为 0%,如图 2 - 4 - 23 所示。一个字幕的文本样式设置好以后,可以采用复制、粘贴的方法,继续在其他位置添加相同样式的字幕。

八、 生成视频

编辑完成后需要生成能够在普通播放器上播放的视频文件。

1. 进入视频生成向导

编辑完成后点击上面菜单栏中的"分享",选择"本地文件",即进入"生成向导"界面,选择"自定义生成设置",然后点击"下一步",如图 2–4–24 所示。

图 2–4–24

2. 按向导操作

(1)点击"下一步"后,默认生成 MP4 视频文件,也可只生成音频文件。点击"下一步"后,上面虽然有多个选项,但一切按默认即可,再点击"下一步",如图 2–4–25 所示。如果点击"视频设置"自定义参数,即使把 60% 提高到 70%,清晰度也没有多大提高,文件大小则会加倍,所以一切默认即可。

(2)文件生成设置。

① 添加水印。可在水印设置界面添加。一般不需要水印,直接点击"下一步"即可。

② 在"制作视频"的输出文件界面,可输入文件名,还可以修改文件的保存路径。选中"将生成的文件组织到子文件夹中",这样会在选定保存路径的文件夹中生成名为"文件名"(可设置文件名)的子文件夹,方便找到生成的 MP4 视频文件,如图 2–4–26 所示。如果选择"包括水印",点击下面的选项后可以设置水印的相关格式。

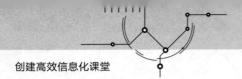

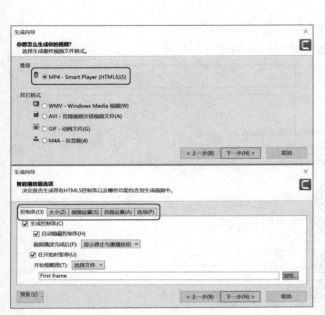

图 2-4-25 图 2-4-26

3. 生成文件

在图 2-4-26 中点击"完成"后,如果出现"找不到下面的图像"对话框,点击"是"即可。然后进入"渲染项目"状态,即视频文件的生成过程,如图 2-4-27 所示。

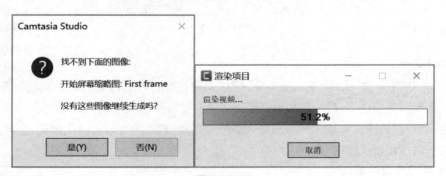

图 2-4-27

在关闭 Camtasia Studio 9.0 软件或"新建项目"时,系统常常会提醒是否保存项目文件,点击"是",编辑后的文件则会保存为扩展名是"tscproj"的项目文件。要像编辑 Office 文件一样,经常保存编辑过程中的文件。

第五课　Camtasia Studio 9.0 编辑技巧

一、在片头插入图片

视频编辑的过程中常常需要插入片头和片尾。操作前首先需要把待插入的片头和片尾媒体素材文件添加到媒体箱中。一般片头常常需要插入图片统一视频的格式，而这些图片可以通过 PowerPoint 编辑制作，然后保存为图片文件，再添加到媒体箱中。

1. 用 PowerPoint 生成图片

（1）在 PowerPoint 文档中设置好片头幻灯片，画面宽高比设置为 16：9，如图 2－5－1 所示。

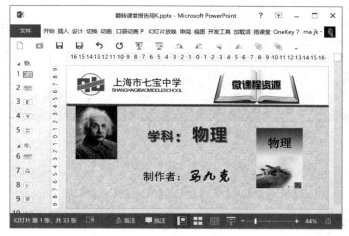

图 2－5－1

（2）在"另存为"时选择"保存类型"为图片格式，如图 2－5－2 所示。这样幻灯片会作为

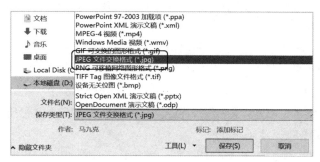

图 2－5－2

图片文件保存备用。

2. 将图片插入片头

先把录制好的视频中前段不需要的部分剪切掉。

（1）把图片文档添加到媒体箱，在轨道上向后拖动原视频素材文件，留出适当空间，再把图片拖动到轨道的前端，拖动图片右边框线，调整图片出现的时长。如果图片的分辨率小于录制的视频分辨率，则图片在预览区无法满屏显示，这时按下 Ctrl+ Shift 键，用鼠标拖动图片的右下角，可使图片满屏显示，如图 2-5-3 所示。（此案例录制的视频文件分辨率是 1920×1080，而通过看图软件可知图片分辨率是 1280×720，虽然宽高比都是 16：9，但是大小不同）。或者点击预览区的图片后，在右边属性区调整"缩放"比例。

图 2-5-3

（2）在片尾插入图片的方法与此类同，如果要在中间插入图片，只需把视频从中间分割开后再插入图片。利用此种方法可以把其他任意视频素材添加到轨道上的任意位置，实现多个视频的拼接效果，但要注意各视频的分辨率应相同，否则画面大小不同。

二、 单独替换声音或画面

在视频的编辑过程中，如想换掉某段视频素材的画面而保留声音，或者画面不变仅替换部分声音，操作方法如下：

1. 声音不变换画面

如声音不变换画面，需要先删除原视频片段，再插入新视频。

（1）删除原画面。先锁定声音轨道，拖动游标，选中欲替换的视频片段，再右击鼠标点击"删除"即可，如图 2-5-4 所示。

（2）插入新画面。将媒体箱中的视频或者图片文件拖拽到视频轨道上的空白处。如果

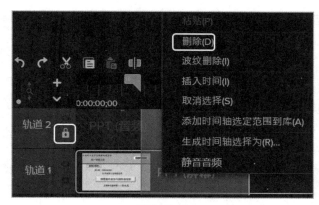

图 2 - 5 - 4

是图片，拖动边框可以调整显示的时间。如果是视频，要保证视频的播放时间与留出空白的时间相一致。

2. 画面不变换声音

如果想换掉声音而保留画面，先要删除原声音片段，再插入新的声音素材文件。操作方法与上述类同。

三、 网络视频的录制和编辑

很多网络视频不能下载或下载后不是常规格式视频，但是可以通过 Camtasia Studio 9.0 录屏软件把网络视频录制下来，经过添加片头或重新配音等编辑后，做出自己的微课视频。

1. 网络视频的录制

（1）先打开需要录制的网络视频，并调整播放滑块使其在播放的初始位置，然后打开 Camtasia Studio 9.0 录屏软件，并点击左上角的"录制"，进入录制的准备状态。

（2）点击网络视频的全屏播放按钮使其全屏但是不播放，接着在录像机工具上的"选择区域"选项卡中选择"自定义"工具，用鼠标拖动绿色虚线框的右下角调整录制区域大小，使其录制画面的区域与视频全屏播放的区域相同。

（3）可以不录制外部声音。如果只录制系统声音，则在录像机界面的"录像设置"的"音频开关"处点击菜单后，选择"不录制麦克风"，如图 2 - 5 - 5 所示。这样就不会录制外部声

图 2 - 5 - 5

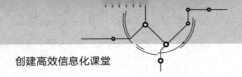

音,只录制系统声音。如果此处没有设置(仍录制了外部声音),由于外部声音文件单独在一个轨道上,也可以在编辑时删除该轨道上的外部声音素材文件。

(4)录制时需注意以下两点:

① 为了录制时画面下端不显示播放条,电脑显示的宽高比要小于网络视频的宽高比。如果电脑显示画面和网络视频的画面宽高比都是 16：9,全屏录制时下方会显示播放进度工具条,如果电脑屏幕宽高小于 16：9,在录制时可通过手动自定义录制的区域,选定录制的画面,使视频播放工具条不在录制区域,如图 2-5-6 所示。如电脑显示分辨率为 2256×1504,即宽高比为 3：2,网络视频的画面宽高比是 16：9,录制屏幕的分辨率是 1280×720,宽高比为 16：9。

图 2-5-6

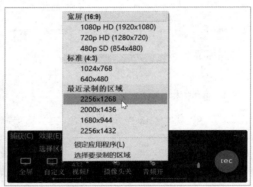

图 2-5-7

② 第一次自定义录制区域时,要尽量设置准确,在保证宽度与屏幕相同的情况下调整高度,最好先点击一下"全屏",然后用鼠标调整上下绿色虚线,尽量使得绿色边框虚线与录制画面的大小相同,下次再选择录制区域时,如果网络视频的画面大小相同,点击"自定义"下拉菜单后,在"最近录制的区域"中直接点击上次使用过的区域选择数值即可。如图 2-5-7 所示。如直接点击使用 2256×1268。

2. 录制后编辑

(1)音视频分离。由于没有录制外部声音,因此在编辑区只占用一个轨道,该轨道中既有声音也有视频。在该轨道上右击鼠标,点击"分离音频和视频",如图 2-5-8 所示,即可把音频和视频分离在两个轨道上。

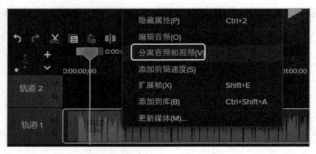

图 2-5-8

（2）文件的编辑。音视频分离后可以单独进行编辑。如可把视频前段删除，留出空间后，再把片头图片拖拽到前段，如图2-5-9所示。还可以在片头添加音频、在整个文件中添加背景音乐，也可以把原来的声音文件删除后自己配音。

图2-5-9

四、 编辑中的其他问题

1. 认识三类文件

在使用 Camtasia Studio 9.0 录制编辑文件时，要认清三类文件。

（1）录制的原始文件。应用 Camtasia Studio 9.0 录屏软件录制后没有编辑过的原始文件，文件的扩展名是"trec"，该文件只能利用 Camtasia Studio 9.0 软件导入并编辑。由于是原始文件，所以文件较大，在编辑时不会改变该文件的任何内容。

（2）编辑后的项目文件。对原始文件编辑后再保存的文件称为项目文件。保存的项目文件扩展名是"tscproj"，要在软件中继续编辑可以在软件界面的左上角"文件"菜单中点击"打开项目"。保存的项目文件只保存了编辑的信息，所以文件很小。由于这两种文件有相互的联系，所以不要随意变动原始文件的位置，否则当打开项目文件时会找不到原始文件。当原来的媒体文件处出现"缺少"二字时，右击鼠标，点击"更新媒体"，如图2-5-10所示，找到原始文件重新建立链接关系后才能打开项目文件，再重新保存即可。原始文件和项目文件只能用 Camtasia Studio 9.0 软件打开并播放预览，不可以在一般播放器中进行播放。

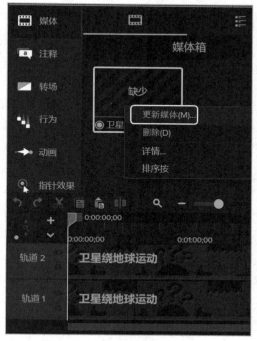

图2-5-10

（3）生成的播放文件。该类文件是指通过"分享"生成的可以在一般播放器上播放的视频文件，如 MP4 视频文件。各类型文件的大小比较如图 2-5-11 所示。

名称	修改日期	类型	大小
卫星绕地球运动	2020/4/22 22:25	文件夹	
卫星绕地球运动.mp4	2020/4/22 22:25	MP4 文件	29,195 KB
卫星绕地球运动.trec	2020/4/22 20:16	TechSmith 录制	145,999 KB
卫星绕地球运动.tscproj	2020/4/22 20:58	TechSmith 项目	51 KB

图 2-5-11

2. 轨道上媒体素材间关系

（1）对于在各轨道上添加的图片、视频、插入的"批注"等，上面轨道上的内容总是遮盖住下面轨道上的内容。点击选中轨道上的某个对象，可以在右上角进行属性的设置。

（2）在各轨道上添加的音频文件，不会被相互遮盖，几种声音会混合在一起。如在媒体箱中添加声音文件后，可以将其拖拽到下面某轨道上调整音量以作为背景音乐。

3. 编辑操作的顺序

视频在编辑时，最好按照一定的顺序进行操作。导入视频（刚录制的视频会自动导入）后，可以按照下面的顺序进行编辑。

（1）音频效果——降噪。

（2）指针效果——突出显示光标效果（可不设置）。如果分割视频后再添加指针效果，则要分段添加。所以如果需添加指针效果，在视频分割前就要添加。

（3）视频剪辑——把不需要的内容剪裁掉。

（4）视频编辑——拖拽媒体箱中其他媒体文件到下面轨道进行编辑。

（5）注释——对需要突出的内容添加批注（选用）。

（6）动画——对局部内容放大突出显示（可不设置）。

（7）字幕——添加字幕（可不添加）。

（8）生成视频文件——渲染生成 MP4 视频文件。

一般（2）（6）（7）可以不操作。常规操作有（1）（3）（4）（8）。（5）可根据情况选用。

4. 其他几点说明

（1）编辑中的选中。在操作过程中，有时需要点击一下选中轨道；有时需要拉动游标选中一段区域；有时需要将时间游标置于某处。

① 如果要对轨道添加"音频效果"或"指针效果"，或者进行调整音量等操作，要先点击一下该轨道，对该轨道进行选中。

② 如果要对某段音视频素材进行"剪切"、"复制"、"删除"、"静音"等操作，都需通过拉动游标选中一段，然后右击鼠标进行相关操作。

③ 如果要在某处对视频进行"分割"、插入"放大"效果、复制后"粘贴"、添加"批注"和"字幕"等操作，需先移动时间游标（或在时间轴上双击鼠标），将时间线置于该处。

（2）微调时间线。如果要微调时间线，可以点击时间线上面的左右两个箭头，一帧帧调整，如图2-5-12所示。

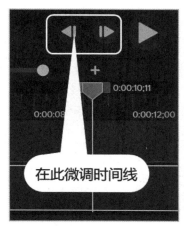

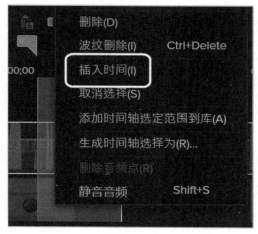

图2-5-12   图2-5-13

（3）插入时间。如果想让视频从某个时间点断开，"分割"后向右拉动轨道上的视频即可。如果要精确分割出一段时间间隔，可以利用插入时间功能。精确选中一段视频，右击鼠标点击"插入时间"即可，如图2-5-13所示。在空白处可以插入其他媒体素材文件。

第三单元

助力信息化课堂
的技术工具

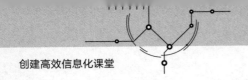
学校信息化建设，一个重要的方面是提高教师的信息化素养，而信息化素养的提高依靠对信息技术的学习。教师在学习和使用中逐渐掌握常用信息技术工具的使用方法和技巧，在工作中能够利用这些技术和方法提高工作效率，从而体会到使用信息技术的乐趣，并由于工作效率的提高在单位获得成就感，最终慢慢形成积极主动使用信息技术工具的习惯，能够将信息技术工具应用到课堂教学实践中去，提高课堂教学质量。教师的信息化的素养也就提高了。为此本单元重点介绍了作为信息时代的教师必须要掌握的基本技能以及进行信息化课堂教学改革必备的技术工具，如制作数字化课程资源时，网络视频如何下载、录制和编辑；如何利用问卷星制作电子试卷；如何制作各种二维码。免费、全能的格式工厂操作简单、功能强大，可以解决教学工作中的很多技术问题，不仅可以转换各种视频、音频及图片等媒体文件的格式，还可以对视频进行剪辑与合并，甚至还可以高清录屏。PowerPoint功能强大、操作简单，如果将其与 101 教育软件相结合，不仅可以获得更多的课程资源，而且使得备课、上课一体化。使用腾讯课堂和钉钉，不仅可以进行远程直播教学，还可以对学生单独进行远程辅导，使得教学和辅导不受时间和空间的限制，随时随地都可进行。多功能的 UMU 互动学习平台可以使得学习更具互动性。

总之，本单元精选的八节课的内容，是信息时代的教师必备的信息技术技能。对于功能相近的内容，如腾讯课堂和钉钉直播教学功能中的远程教学，教师可以选择适合自己的一种，精心研究、重点掌握。

第一课　视频的下载、录制与编辑

　　网络上很多视频禁止用户下载，即使下载也不能用常规播放器播放。微信公众号上的视频是由微信公众号管理者上传到腾讯视频网站然后嵌入到微信公众号的文章里的，这类视频也是不方便下载的。不过利用 360 浏览器中的视频下载插件和录制功能可以很好地解决上述视频下载难的问题。利用"快剪辑"软件可以对下载的视频进行简单的编辑。

一、网络视频的下载

1. 视频下载插件的安装

　　（1）安装 360 浏览器。在 360 官网（http://www.360.cn）下载并安装好 360 浏览器，如图 3 - 1 - 1 所示。

图 3 - 1 - 1　　　　　　　　　　　　　图 3 - 1 - 2

　　（2）安装插件。
　　① 打开扩展中心。在 360 浏览器右边点击"扩展中心"，打开"扩展中心"页面后点击下面的"添加"，如图 3 - 1 - 2 所示。
　　② 360 应用市场中有很多小程序工具插件。在搜索框中搜索"视频下载神器"（或搜索"视频下载"），可找到"猫抓 - 视频下载神器"。点击"安装"后在浏览器右上方会出现该小程序插件的图标，如图 3 - 1 - 3 所示。

图 3-1-3

2. 网络视频的下载

（1）下载网络视频。

① 搜索网络视频。在视频网站上搜索需要的视频，如在腾讯网站搜索"牛顿第二定律"，选中一个视频，如图 3-1-4 所示，点击打开。

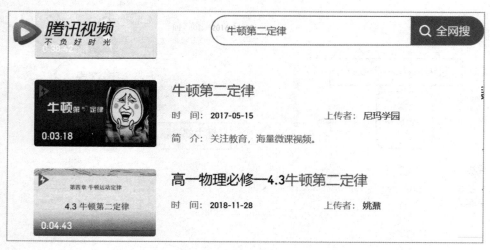

图 3-1-4

② 使用下载插件。打开有视频的网页，"猫抓-视频下载神器"会自动抓取网络视频。点击右上角的"猫抓-视频下载神器"工具按钮，可以看到将要下载的视频，如果该网页有多个视频，点击播放按钮，选择需要下载的视频，然后点击向下的箭头即可下载，如图 3-1-5 所示。

③ 保存下载文件。点击下载按钮时，可以看到文件的大小和下载路径。下载的文件是

图 3-1-5

MP4 格式,如图 3-1-6 所示。

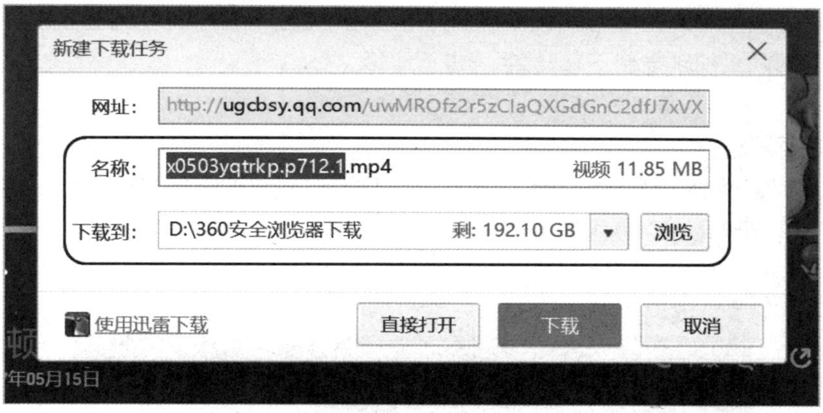

图 3-1-6

（2）微信公众号视频下载。微信公众号中有很多可以应用于教育教学的视频资源,一般很难下载为便于播放的视频文件。而用 360 视频下载插件下载微信公众号中的视频则简单方便。

① 将微信公众号中含有视频资源的文章通过微信网页版或微信客户端发送到电脑中。

② 复制网址后在 360 浏览器中打开该文章,找到视频资源并进行播放,然后用 360 视频下载插件自动抓取视频并下载。如图 3-1-7 所示是某公众号视频的下载界面。

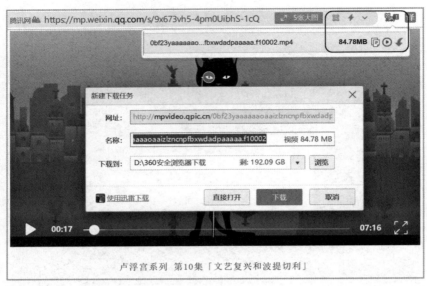

图 3-1-7

二、 网络视频的录制

除了可以利用前面的 360 视频下载插件下载网络视频外，在 360 浏览器中还可以利用录制的功能把网络视频录制下来，然后再进行编辑。

1. 打开视频网页

在 360 浏览器中打开网络视频时，页面右上角会自动出现视频录制的工具栏，点击"录制小视频"即可录制视频，如图 3-1-8 所示。

图 3-1-8

2. 录制网络视频

点击"录制小视频"后会进入视频的录制界面，移动播放进度游标，调整到播放的初始位置并暂停播放，点击红色播放按钮即开始录制（外界的声音是不会录制进去的）并同时开始播放视频。在此界面点击右下角的三个小点也可以下载该视频（MP4格式），如图3-1-9所示。点击"下载"按钮后，可以选择下载文件的位置。

图3-1-9

视频的下载与视频是否播放没有关系，而录制视频是录制而非下载，所以录制时要从视频的前端开始播放并进行录制。Camtasia Studio 9.0软件是录屏软件，在录屏时会把屏幕上所有的内容（包括鼠标）及外部声音全部录制进去。视频下载、视频录制和录制屏幕这三者是有区别的。对于在电脑上看到的任意视频页面（包括在电脑上打开的微信公众号中的所有视频文件），根据情况选择不同的方法，或下载或录制，总可以把视频保存在电脑中，为微课视频的制作提供视频素材。

三、 视频的编辑和保存

从网络上下载的视频可以进行编辑，如剪裁掉前后不需要的部分，或在前面添加封面等。

1. 利用快剪辑编辑视频

（1）在电脑上下载安装视频剪辑软件快剪辑，打开软件，点击右上角"本地视频"，可以把下载的视频添加到快剪辑中。添加后的视频可以播放预览，也可以拖动左下角的播放线达某一位置后，点击小剪刀图标把视频分为两段，如图3-1-10所示。

图 3-1-10

（2）点击编辑按钮后进入视频的编辑状态，拖动前后两个剪裁图标可以剪裁掉前后不需要的部分，上面的工具栏中有众多工具供选用，如图 3-1-11 所示。

图 3-1-11

（3）添加图片做片头。点击"本地图片"，将图片添加到下面的编辑轨道上，鼠标拖拽图片或视频左右移动可以改变图片或视频在轨道上的顺序。点击轨道上媒体右上角的删除图标可以删除该媒体，点击编辑图标可进入媒体的编辑状态，如图 3-1-12 所示。

图 3 - 1 - 12

2. 添加声音效果

完成上述编辑后，在图 3‑1‑12 中点击右下角的"编辑声音"，进入声音编辑界面，在声音编辑界面可以添加系统的声音文件，点击"添加本地音乐"，可以添加电脑中的声音文件，如图 3‑1‑13 所示。

图 3 - 1 - 13

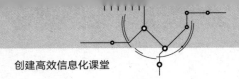

3. 视频的保存

（1）在图3-1-13的下面点击"保存导出"，进入保存导出状态。可以选择"无片头"，在左下角可以看到视频的保存位置和文件格式（默认为 MP4），"导出尺寸"使用默认值 720P（即 1280×720）即可，如图 3-1-14 所示。

图 3-1-14

（2）视频封面。可以重新添加视频封面，如果前面已设置好封面，则直接在"选择一张截图作为封面"下面点击第一个画面即可，如图 3-1-15 所示。

图 3-1-15

（3）导出视频。点击"下一步"，即进入视频生成状态，如图 3－1－16 所示。

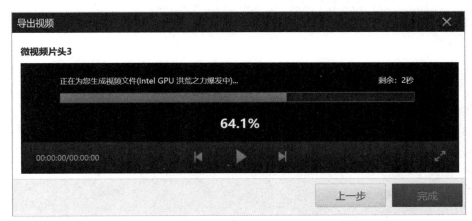

图 3－1－16

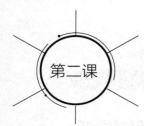

第二课 **使用问卷星制作试卷**

使用问卷星不仅可以制作调查问卷，也可以制作试卷，完成后可通过二维码将试卷发送给学生，并且可以设置定时做题，学生提交后会立即显示分数和解析过程。学生答题结束后教师可以立即得到全班学生的分数以及得分情况的统计结果。

打开问卷星主界面，在左边点击"创建问卷"，在考试选项中点击"创建"，如图3-2-1所示。

图3-2-1

一、录入试题

1. 单题录入

（1）在"创建考试问卷"界面可输入试卷名称。如果单题手工录入，可以点击"立即创建"，如图3-2-2所示。

图3-2-2

（2）点击"立即创建"后，界面左边为考试功能菜单，有众多功能选项供选择。点击"添加问卷说明"，可以添加试卷的说明文字，如图3-2-3所示。

图 3-2-3

（3）添加考生信息。在左边的"考生信息"栏中点击"基本信息"，添加后可以直接在下面修改信息的行标题文字，如图 3-2-4 所示。

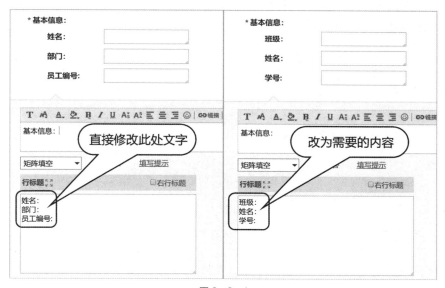

图 3-2-4

（4）添加单项选择题。

① 在左边"考试题型"栏中点击"考试单选"，在中间的标题输入框中直接输入试题或将复制的内容粘贴在此处。在下面的选项框中，可手工输入各选项内容，也可点击下面的"批量增加"，将复制的选项整体粘贴在方框内，可进行简单编辑，使序号 A、B、C、D 左对齐，如图 3-2-5 所示。

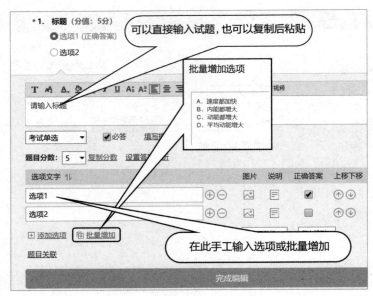

图 3-2-5

② 试题及选项输入完成后，需设置"题目分数"和"正确答案"，如图 3-2-6 所示。完成后点击"完成编辑"。

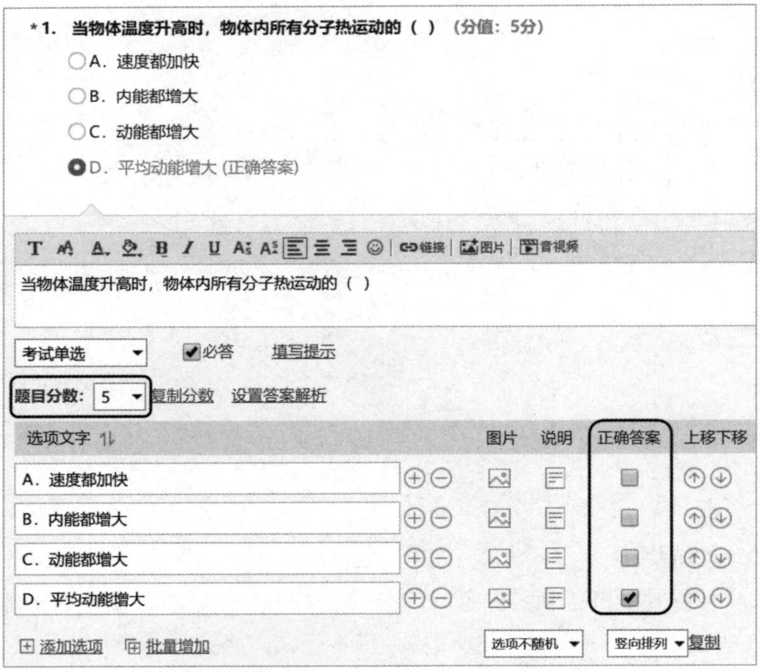

图 3-2-6

（5）添加多项选择题。

① 在图3-2-3考试功能菜单中点击"考试多选"，然后在标题输入框中输入试题，并在选项框中输入选项，如图3-2-7所示。

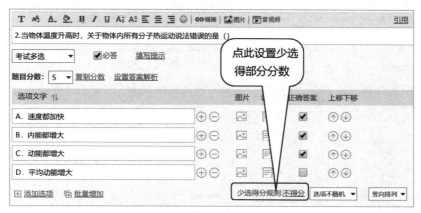

图3-2-7

② 设置得分规则。在图3-2-7中点击"少选得分规则"，可设置为"少选得部分分"，并可为各选项分配分值，如图3-2-8所示。

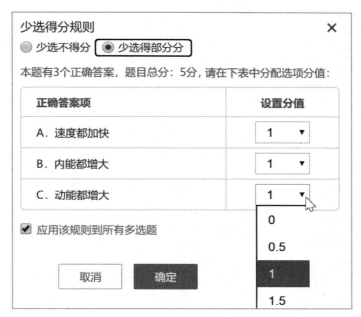

图3-2-8

（6）为试题添加图片。

① 试题和选项输入完成后，如果需要添加图片，可在试题及选项的相应工具栏中点击添加图片的图标，为试题及选项添加图片，如图3-2-9所示。

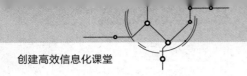

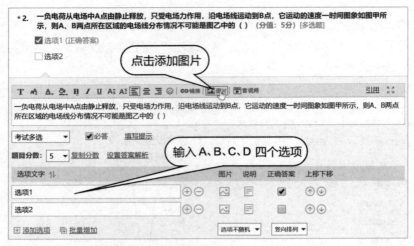

图 3-2-9

② 点击中间的小十字图标,添加图片后点击"确定"即可,如图 3-2-10 所示。注意:若要在试卷中添加图片,要对原来 Word 文档试卷中的图片采用截图的方法,先保存为".jpg"文件后再插入。

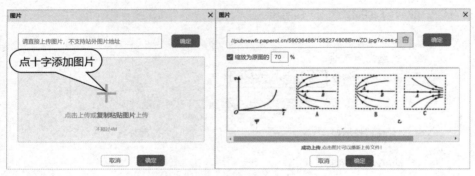

图 3-2-10

③ 插入图片后选择正确答案,试题样式如图 3-2-11 所示。

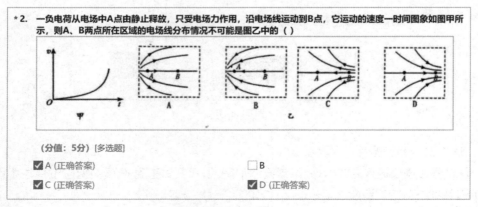

图 3-2-11

（7）添加填空题。在图3-2-3考试功能菜单中点击"单项填空"或"多项填空"，可在试卷中添加填空题，并可设置填空题的答案和分数，如图3-2-12所示。

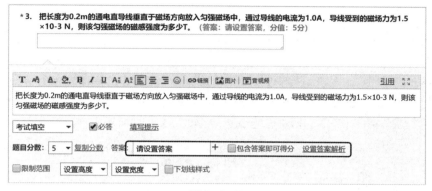

图3-2-12

2. 批量添加题目

教师往往已经有编辑好的试卷的Word格式文档，可以批量导入系统中。

（1）批量复制试题。在图3-2-2"创建考试问卷"界面中点击"文本导入"，会出现示例文档界面，点击"清空文本"，然后把无格式的试题文本复制到此区域，如图3-2-13所示。复制后直接在右边进入编辑状态，注意重新审核每个题目。题目中的图片需要重新插入。

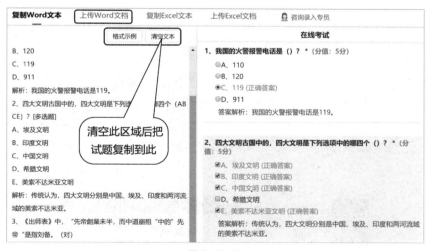

图3-2-13

（2）直接上传Word文档。可以把编辑好的Word格式的试卷文档直接上传。在图3-2-13界面中点击"上传Word文档"，直接上传Word文档即可。上传Word文档可以把图片直接上传。在编辑上传的试卷文档时需注意：

① 文档不需要排版，为无格式文档。

② 同一题目中间不应随便添加空行，但题与题之间需要添加一行空行，特别是有图片

的题目。

③ 选择题每个选项要单独成一行。

④ 填空题的空格"_____"要在英文输入模式下用"Shift"+"-"输入,不能用文字的下划线表示,否则无法被识别。

⑤ 有幂次的数字、复杂的公式及用公式编辑器等生成的内容一般无法被识别,均需通过截图,以图片形式编辑。对于选项,单独成行设置"A"、"B"、"C"、"D"即可。

⑥ 插入的图片在 Word 文档中要设置为"嵌入型",这样图片会作为一个字符出现在文档中。设置方法是:点击图片后在右上角的"布局选项"中设置为"嵌入型",或者选中图片后在"图片工具"中的"格式"选项中进行设置,如图 3-2-14 所示。

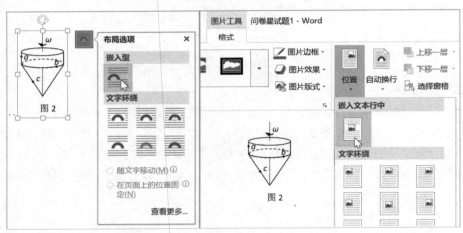

图 3-2-14

⑦ 改变图形格式。利用 Word 中的插入形状的方法自己绘制的图形,其格式是"Microsoft Office 图形对象",这些图形不能直接使用。先把这些图形组合后整体复制,然后使用"选择性粘贴"(或直接点击"粘贴选项"中的图片图标),点击"图片(JPEG)"(或其他格式),即可把图形改变为图片格式(绘制的是图形,网络下载图及照片是图片),如图 3-2-15 所示。

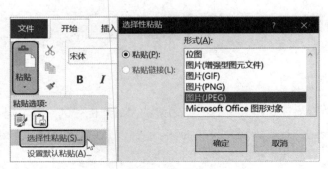

图 3-2-15

(3) 上传文档中图片的设置。

不论直接复制试题或者导入 Word 试题，都要预先在 Word 文档中把试题设置成较规范的无格式文档。插入的图片应为 JPEG 格式且采用嵌入型插入在题目后面，如图 3-2-16 所示。

1.属于国际单位制中基本单位的是（B）[单选题]
A．库仑
B．安培
C．特斯拉
D．韦伯
2.当物体温度升高时，关于物体内所有分子热运动说法错误的是（ABC）[多选题]
A．速度都加快
B．内能都增大
C．动能都增大
D．平均动能增大
3．一个小球沿着图 1（a）所示的光滑轨道从 P 点滑动至 Q 点，轨道转角处平滑连接。在图 1（b）中最能反映小球的速度大小 v 与时间 t 之间关系的图像是（A）[单选题]
A.
B.
C.
D.
4．如图所示是一个玩具陀螺，a、b 和……上的三个点。当陀螺绕垂直于地面的轴线以角速度 ω 稳定旋转时，下列表述正确的是（D）[单选题]
A．a、b 和 c 三点的线速度大小相等
B．a、b 两点的线速度始终相同
C．a、b 两点的角速度比 c 的大
D．a、b 两点的角速度等于 c 点的角速度
4．一个小球沿着图 1（a）所示的光滑轨道从 P 点滑动至 Q 点，轨道转角处平滑连接。在图 1（b）中最能反映小球的速度大小 v 与时间 t 之间关系的图像是（……）

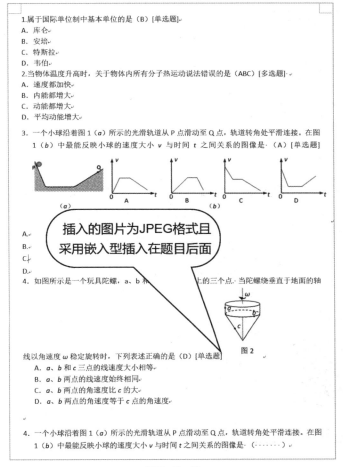

图 3-2-16

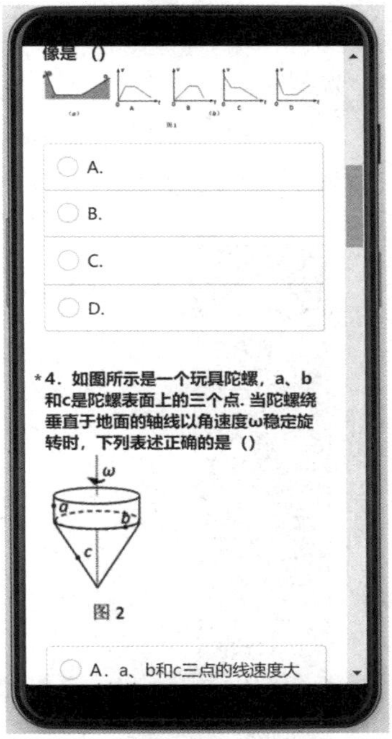

图 3-2-17

手机上预览的有图片的画面如图 3-2-17 所示。

二、试卷的设置与发送

1. 设置试卷

试卷编辑完成后，在个人主页面的左边点击“考试设计”，在上面点击“考试设置”，可以设置“考试开始时间”和“考试结束时间”，如图 3-2-18 所示。

图 3-2-18

2. 发送试卷

点击"发送考卷",可以复制链接后发送至微信学生群,也可以下载二维码后粘贴到 PowerPoint 文档或者 Word 文档中,供学生扫描后作答,如图 3-2-19 所示。

图 3-2-19

3. 学生提交答卷和教师收集答题情况

(1)学生提交答卷。学生完成答题后可点击提交,随即可看到答题情况,既显示各题得分情况,也显示错题及对应的正确答案和试题解析,如图 3-2-20 所示。

(2)教师查看答题情况。

① 学生提交答卷后,教师可以查看答题情况。在主界面的左边点击"成绩 & 数据",在"下载答卷数据"中选择"按选项文本下载",如图 3-2-21 所示,可以将数据下载为 Excel 格式的文件。

图 3-2-20

图 3-2-21

② 在图 3-2-21 界面中点击"考试排名",可以得到学生成绩的排名,如图 3-2-22 所示,也可以导出成绩。

③ 在图 3-2-21 界面中点击"题目正确率",可以得到每个题的得分情况。点击右边的"报告",可以将报告下载为 Word 文档,如图 3-2-23 所示。

图 3-2-22

图 3-2-23

三、 学生问卷调查表的制作

1. 问卷相关内容输入

制作学生问卷调查表的方法与试卷制作方法类同。在图 3-2-1 中点击"调查",类同图 3-2-2 中输入问卷名称,点击"立即创建",输入相关信息。关于年级和班级的单选题制作如图 3-2-24 所示。

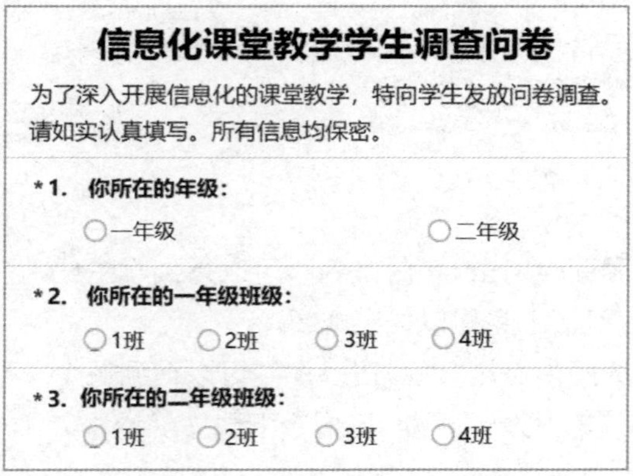

信息化课堂教学学生调查问卷

为了深入开展信息化的课堂教学,特向学生发放问卷调查。请如实认真填写。所有信息均保密。

* 1. 你所在的年级:
　　○一年级　　　　　　　　　　○二年级

* 2. 你所在的一年级班级:
　　○1班　　○2班　　○3班　　○4班

* 3. 你所在的二年级班级:
　　○1班　　○2班　　○3班　　○4班

图 3-2-24

2. 设置逻辑关系

在第 1 题中选择"一年级"的学生应填写第 2 题,选择"二年级"的学生应填写第 3 题,设置时需要用到题目关联的逻辑关系。

(1)在第 2 题的编辑页面中点击"题目关联",如图 3‑2‑25 所示。

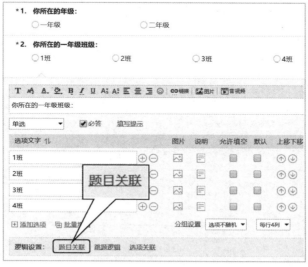

图 3‑2‑25

(2)在"关联题目 1"中选择第 1 题,然后选择对应选项"一年级",如图 3‑2‑26 所示。即在第 1 题中选择"一年级"的学生需填写第 2 题。同理,在第 3 题中进行设置,选择关联题目及对应选项,实现题目的关联。

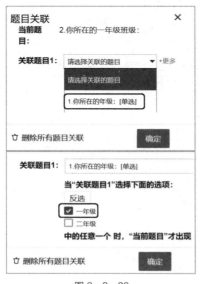

图 3‑2‑26

图 3‑2‑27

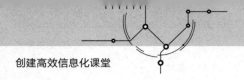

（3）学生界面显示。在学生界面中，当答题时在第 1 题中选中"二年级"，则第 3 题出现，如图 3-2-27 所示，否则第 2 题出现。

3. 问卷的发放

问卷编辑好后，在个人主界面点击"发送问卷"，点击"链接 & 二维码"，如图 3-2-28 所示。显示的操作与图 3-2-19 中类同，不再赘述。

图 3-2-28

4. 问卷的回收和查看

（1）在个人主界面点击"分析 & 下载"，如图 3-2-28 所示，点击"统计 & 分析"后，显示如图 3-2-29 所示的界面，在右边点击"报告"，可以把调查问卷下载为 Word 文档。

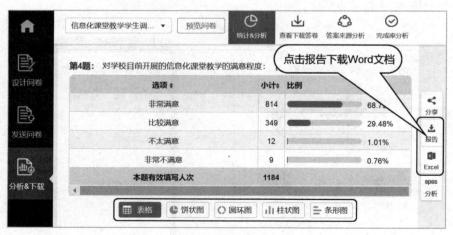

图 3-2-29

（2）在界面上方点击"查看下载答卷"选项，点击右下角的"全屏"，可以全屏查看。点击"下载答案数据"，选择"按选项文本下载"，即可把问卷下载为 Excel 格式的完整文档，如图 3-2-30 所示。

图 3 - 2 - 30

（3）在图 3 - 2 - 30 中点击某一个学生的问卷，可以查看该问卷的完整答卷情况，如图 3 - 2 - 31 所示。

图 3 - 2 - 31

第三课　二维码的制作方法

当今是二维码的时代，制作二维码已经是信息时代教师的必备技能。制作二维码的工具和方法很多，既可以在网页上制作，也可以用手机 App 制作。推荐使用网页制作。下面介绍通过草料二维码网页制作二维码的基本方法。

一、利用草料二维码网页制作

1. 基础二维码制作

（1）打开主界面并登录。进入草料二维码官网（https://cli.im/），注册并登录。在主界面上可以选择制作"文本"、"网址"、"图片"和"音视频"等不同内容的二维码。默认制作"文本"二维码，可以在左下角空白区域直接输入（或复制）文字后，点击"生成二维码"，如图3-3-1所示。

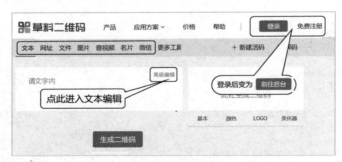

图3-3-1

（2）编辑文字。

① 在图3-3-1界面中点击"高级编辑"，进入文字的编辑状态，可以添加文字二维码的标题，利用"样式库"中的样式工具可以设置文字的各种格式，并可利用工具在文字中添加"图片"、"视频"和"联系方式"等，如图3-3-2所示。

图3-3-2

② 二维码制作案例。添加标题，在重点内容中插入图片，设置文字格式后"保存"，点击"生成二维码"后，即得到包括文字、图片、链接等内容的二维码，保存即可，如图 3-3-3 所示。点击"下载"可以下载二维码图片。

图 3-3-3

图 3-3-4

（3）美化二维码。在图 3-3-3 中点击"下载"后，出现二维码下载界面，如图 3-3-4 所示。点击"快速美化"，可对二维码进行美化操作。

① 选择二维的不同样式，如图 3-3-5 所示。

图 3-3-5

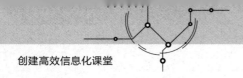

② 在二维码中添加图片。点击"本地上传",找出自己电脑中的图片插入即可,如图 3-3-6所示。

图 3-3-6

③ 在"局部微调"中,可以设置"码眼样式",也可设置码眼的内框和外框颜色等,如图 3-3-7所示。

图 3-3-7

（4）下载二维码。在图 3-3-7 界面中点击"完成"后，即可下载二维码，还可以把该二维码的美化样式"保存到我的模板"中，如图 3-3-8 所示。

图 3-3-8

2. 音视频二维码制作

（1）单一音视频二维码制作。

① 方法一：在主界面制作二维码类别中点击"音视频"，然后插入音视频文件，点击"生成活码"（活码指二维码图案不变，内容可以更改变化），即可生成二维码。如图 3-3-9 所示，点击右下角的"美化器"，可以快速美化二维码，也可以高级美化二维码。点击"添加更多内容"，可以有更多内容格式设置。

图 3-3-9

② 方法二：在图 3-3-2 中点击"视频"，直接在该页面插入视频文件，生成二维码，如图 3-3-10 所示。

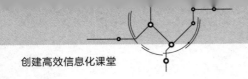

图 3-3-10

（2）多个视频的二维码制作。要扫描一个二维码观看多个视频，利用上述方法继续添加视频即可。在某一个视频上复制后，可以将其粘贴到其他位置，即调整前后的顺序。用手机扫描二维码，在手机上观看的效果如图 3-3-11 所示。扫描后实际上在手机上打开了微信二维码小程序。点击右上角的三个小点，可以"重新进入小程序"。在草料二维码小程序的下端点击"立即生码"即可制作二维码，如图 3-3-12 所示。

图 3-3-11

图 3-3-12

3. 后台管理

在图 3-3-1 界面中点击"前往后台",进入后台可以对自己制作的二维码进行管理,如图 3-3-13 所示,可以新建目录,还可以"批量操作",如移动二维码文件的位置,或批量下载二维码。

图 3-3-13

二、 二维码的其他制作方法

1. 使用浏览器制作

如果是网络文章,包括微信上的网络文章,在 360 浏览器或者火狐浏览器中打开,即可生成二维码。

2. 使用手机 App 制作

在手机应用商店中搜索"二维码",有不少制作二维码的 App,目前评价较好的是"二维码工房"。

这两种制作二维码的方法参见第四单元第八课中的相关内容。

全能的格式工厂

第四课

很多朋友可能都知道格式工厂,目前它已经不仅仅具有原有的视频格式转换功能,还具有超简单的视频合并和视频剪辑功能、视频去水印功能、手机视频转换功能、高清录屏功能,集多种功能于一体。由于各功能都具有类同的操作方法,所以其操作简单。又因其所有功能均可免费使用,所以它是一款简单、实用、易学的信息技术工具(5.0版只支持64位系统)。

在百度中搜索"格式工厂官网",可找到其官网(http://www.pcfreetime.com/formatfactory),如图3-4-1所示。从官网下载格式工厂软件并安装。

图3-4-1

一、 视频转换及相关功能

打开格式工厂主界面,即为视频操作的主界面,如图3-4-2所示。

1. 视频格式转换

图3-4-2中圈出的区域为视频格式转换区域,想把视频转换成哪种格式就选择哪一个模块。如要把FLV格式的视频转换为MP4格式,操作方法如下:

(1)添加文件。

① 选中工具模块。点击MP4转换模块图标,如图3-4-3所示。

图 3 - 4 - 2

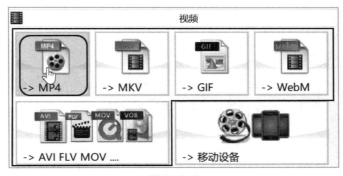

图 3 - 4 - 3

② 点击添加文件,如添加一个 FLV 格式的视频文件,添加后点击"确定",如图 3 - 4 - 4 所示。

图 3 - 4 - 4

③ 输出设置。如果想改变输出的效果,可以点击图3-4-4中的"输出配置",在"视频设置"对话框中,可以设置"屏幕大小",点击"水印",可以给视频添加水印,如图3-4-5所示。一般默认即可。

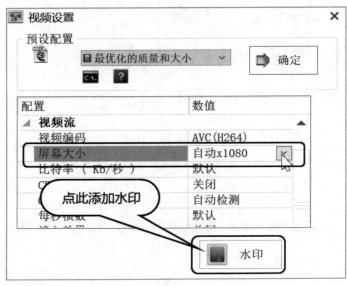

图3-4-5

(2) 转换及文件输出。

① 点击"开始",即开始转换。点击左上角的"输出文件夹",即可找到存放的文件,如图3-4-6所示。后面的所有操作都需要在此界面点击"开始",然后在"输出文件夹"中查找转换后的文件。

图3-4-6

② 如果想转换更多其他格式,点击图3-4-3中左下角图标,可以选择更多格式,如图3-4-7所示。

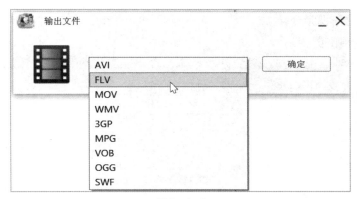

图 3-4-7

2. 视频画面裁剪

（1）点击图 3-4-2 主界面中的"画面裁剪"，选择输出文件格式后点击"确定"，如图 3-4-8 所示。

图 3-4-8

（2）打开电脑中的视频文件。

（3）调整裁剪的边框。可以调整红色边框的位置及大小，还可以设置"宽高比"，如图 3-4-9 所示。

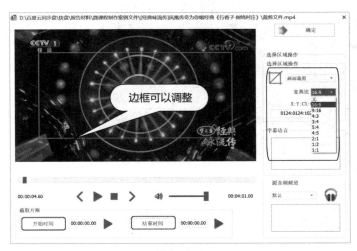

图 3-4-9

3. 视频长度剪辑与视频合并

（1）视频长度的剪辑。

① 在图 3-4-2 中点击"视频合并 & 剪辑"，在出现的界面上点击"添加文件"，选中添加的文件后，点击"剪辑"，如图 3-4-10 所示。

图 3-4-10

② 在视频剪辑框中，移动播放滑块置于视频剪裁段的初始位置，点击"开始时间"，再移动滑块到剪裁段的结束时间点，点击"结束时间"，开始与结束之间这一段是剪裁后的视频段，如图 3-4-11 所示。点击"确定"即完成剪辑。

图 3-4-11

（2）视频合并。在图 3-4-2 主界面中点击"视频合并 & 剪辑"后，可添加多个视频文件，如图 3-4-12 所示。再点击"确定"，然后进入图 3-4-6 所示的界面点击"开始"，两个视频即进入合并状态，最后点击左上角的"输出文件夹"，找到合并后的文件。该功能是针对多个视频在合并前先分别进行剪裁，然后再合并的。如果只是单纯剪裁，可以在图 3-4-2 主界面中直接点击"快速剪辑"模块进行操作。

图 3-4-12

4. 视频去水印

（1）选择文件。点击 3-4-2 主界面中的"去除水印"，选择输出文件的格式，点击"确定"，如图 3-4-13 所示，然后选择视频文件。

图 3-4-13

（2）去除水印。拖动画面上的红色方框，可以改变其大小和位置，然后点击"确定"，如图 3-4-14 所示。在图 3-4-6 界面点击"开始"，即进入去水印状态。也可以在图 3-4-14 界面中截取视频片段。

图 3 - 4 - 14

（3）画面大小的裁剪。在"选择区域操作"栏选择"画面裁剪"，调整红色方框的大小和位置，然后在右上方点击"确定"即可，如图 3 - 4 - 15 所示，红色方框外的画面会被剪除掉。此处与图 3 - 4 - 9 方法类同。

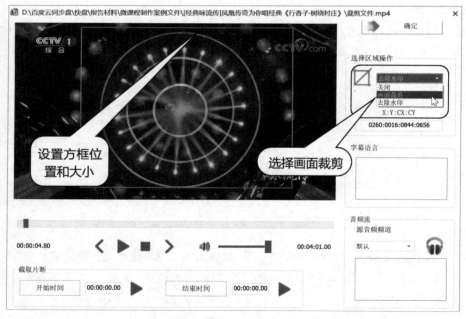

图 3 - 4 - 15

5. 高清录屏功能

格式工厂的录屏功能操作简单,清晰度高,且存储格式为 MP4 格式。

(1) 点击图 3-4-2 主界面左边的"屏幕录像",在录像机界面可以选择录屏的区域,一般选择"全屏",如果选择"屏幕区域",需要用鼠标在屏幕上从左上角到右下角绘制一个矩形区域作为录制区域,点击红色圆圈即可开始录制。点击左下角的"输出文件夹",可以查找录制的文件,如图 3-4-16 所示。

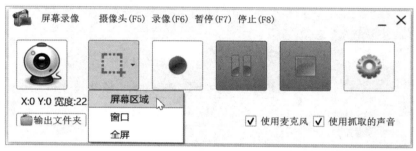

图 3-4-16

(2) 使用摄像头。点击工具栏左边的摄像头按钮,打开摄像头,左上角的加号和减号可以放大或缩小画面,如图 3-4-17 所示。可以将画面放大到全屏,选择录屏区域可以录制摄像头画面,也可以缩小后把画面移动到适当位置,录制屏幕画面的同时录制教师讲课画面。

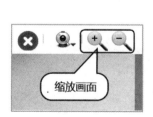

图 3-4-17

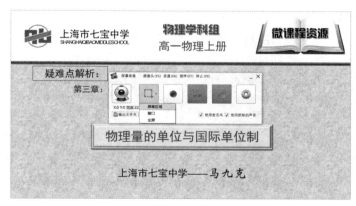

图 3-4-18

(3) 录制技巧。如果录制 PowerPoint 课件,可以在图 3-4-2 主界面先点击"屏幕录像"模块,出现图 3-4-16 的录像机工具栏,再打开 PowerPoint 课件并处于播放状态(准备讲课),由于录像机工具栏默认在前端,此时选择录屏区域,选取整个 PowerPoint 画面(如果屏幕分辨率与 PowerPoint 画面大小相同,可以选择全屏),点击中间红色圆点即开始录制,

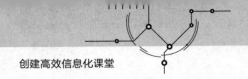

如图 3-4-18 所示。录制时四周显示闪动的绿色边框。由于此时会把录像机工具栏也录入画面，所以在录制时最好先把录像机工具栏最小化。可使用快捷键操作，按 F6 键录制开始，按 F7 键暂停，按 F8 键录制结束。如果开始时把录像机工具栏录进去了，可以利用主界面的"快速剪辑"模块剪裁掉前面的部分，参见图 3-4-11 所示。

在图 3-4-16 所示界面右边点击选项图标可以进行简单设置。在"选项"中的系统设置中可以改变文件的保存位置、修改快捷键，如图 3-4-19 所示。

图 3-4-19

6. 视频下载功能

（1）先找到需要下载的网络视频，复制地址栏中的视频地址。

（2）点击图 3-4-2 主界面中的"视频下载"图标，点击上面的"Paste"粘贴按钮，视频下载的地址被粘贴到空白框中，然后点击"确定"即可，如图 3-4-20 所示。

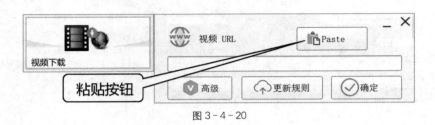

图 3-4-20

二、音频、图片格式的转换

1. 音频文件格式转换

进入"音频"选项界面，想把音频转换为哪种格式，点击哪个模块即可，如图 3-4-21 所

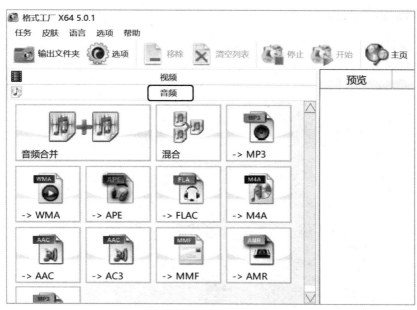

图 3-4-21

示。操作方法与视频转换操作方法类同,不再赘述。

2. 图片格式的转换

进入"图片"选项界面,想把图片转换为哪种格式,点击哪个模块即可,如图 3-4-22 所示。操作方法与视频转换操作方法类同,不再赘述。

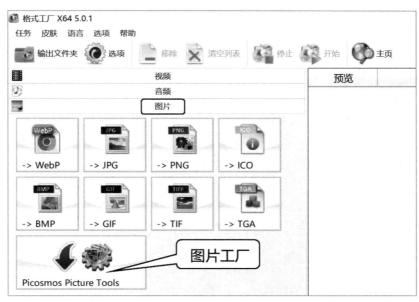

图 3-4-22

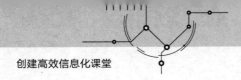

三、 文档的格式转换

进入"文档"选项界面，通常要把 PDF 格式转换为 Word 格式，在左边点击 PDF 转 Word 模块即可，如图 3－4－23 所示。操作方法与视频转换操作方法类同，不再赘述。

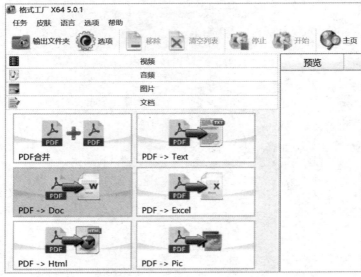

图 3－4－23

第五课　101教育 PPT 备课授课一体化

　　101 教育 PPT 软件把常规的 PowerPoint 软件与 101 备课软件融合在一起,内置丰富的配套多种教材版本的教学资源、形式多样的教学工具和授课互动工具,不仅使得备课授课一体化,同时二者联合后使得 PowerPoint 软件功能更加强大,通过手机客户端和电脑端互联,可以实现大小屏互动,使得课堂更加丰富多彩,同时录屏录课功能简单实用。

一、安装、注册和登录

1. 软件的下载与安装

　　(1) 首先在 101 教育 PPT 的官网(http://ppt.101.com/)下载客户端并安装。用户应根据自己的使用环境下载相应版本的软件,这里选择电脑客户端下载使用,并选择合适的存储位置,如图 3-5-1 所示。

图 3-5-1

　　(2) 双击 101PPTSetup.exe 应用程序进行软件安装。选择合适的语言"简体中文"后,可以选择安装的方式,"快速安装"可安装在默认的 C 盘中,也可以"自定义安装"在其他盘中,如图 3-5-2 所示。

　　(3) 软件安装完成后,点击"立即体验"可启动软件,如图 3-5-3 所示。

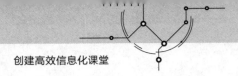

图 3-5-2

图 3-5-3

2. 账号注册及登录

点击主页面左上角的"未登录"按钮,进行注册。注册成功后登录客户端,显示个人中心页面,可以设置所在的学校和授课班级,也可以点击任何一项,进行基本资料的查看或设置,如图 3-5-4 所示。

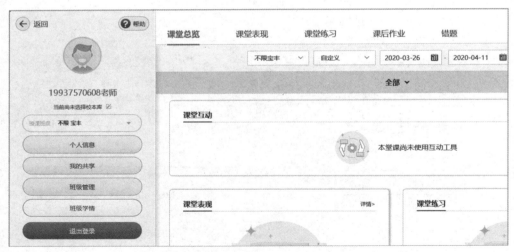

图 3-5-4

二、课程设置及搜索功能

1. 课程设置

(1) 学段选择。101 教育 PPT 目前有"义务教育"、"高中教育"、"中职高等教育"、"其它"等多种教学阶段的教育资源,可以根据需要选择学段,如图 3-5-5 所示。

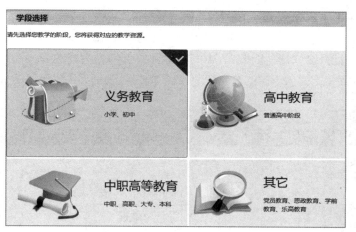

图 3-5-5

（2）教材信息选择。第一次使用软件时，系统会弹出引导窗口，按照引导可依次选择授课年级→授课科目→教材版本→上、下册→章→节等信息，例如依次选择小学→六年级→数学→苏教版→下册→六、正比例和反比例→本单元复习与测试，选择完成后，点击"开始备课"即可，如图 3-5-6 所示。填写不同的教材信息，资源栏内会出现不同的教学资源。

图 3-5-6

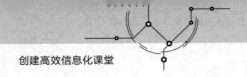

2. 101 教育 PPT 主界面

如图 3-5-7 所示,101 教育 PPT 主界面与普通 PowerPoint 不同之处在于界面上方的登录按钮和其他几个快捷功能按钮,中间主体部分仍然为常规的 PowerPoint 界面;右侧为资源栏,为教师备课提供丰富的教学资源;左下角为放映和与手机互联的快捷按钮。

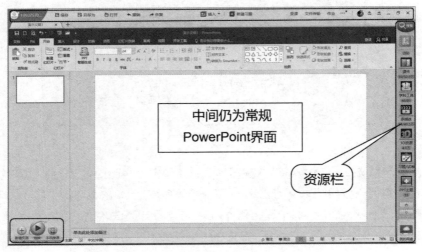

图 3-5-7

3. 章节切换

(1)当鼠标置于主界面右上角"章节选择"区域上时,会显示目前章节详情,如图 3-5-8 所示。两侧有翻页按钮,点击可切换课程到上一课或下一课。

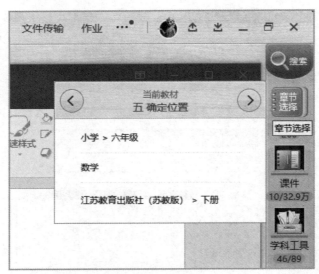

图 3-5-8

（2）点击"章节选择"按钮，然后按照提示顺序选择，即可切换到其他课程章节，如图 3-5-9 所示。

图 3-5-9

4. 内容搜索

（1）在资源栏上面点击"搜索"按钮，弹出搜索对话框，在搜索框中，输入资源名称、来源或作者名等关键字进行搜索，可快速找到需要的资源或课件。例如在搜索框中输入搜索关键词"正比例反比例"，如图 3-5-10 所示，则会在下方展示框中展示出与"正比例反比例"相关的资源内容。所搜索到的资源可以分类检索，如按课件、学科工具或习题试卷等分类检索。

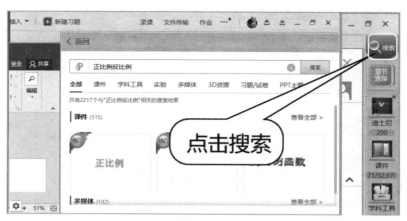

图 3-5-10

（2）根据需要，搜索到的资源既可以预览，也可以通过点击"插入"按钮直接插入到课件中，如图 3-5-11 所示。

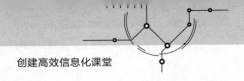

图 3 - 5 - 11

三、资源及工具的应用

101 教育 PPT 的教学资源库主要包括"课件"、"学科工具"、"多媒体"、"3D 资源"、"习题/试卷"、"PPT 主题"六部分内容。

1. 课件

点击"课件"按钮，看到有"课件"、"教案"、"电子教材"、"学案"四类内容，并分别标注出了资源数量，在资源图标上显示有"热门"、"推荐"等标签，便于用户筛选使用，如图 3 - 5 - 12 所示。点击资源下方的"预览"按钮可预览课件内容。点击"插入"按钮，可以直接把课件插入到左边的 PowerPoint 中，并可以在 PowerPoint 中继续修改编辑。

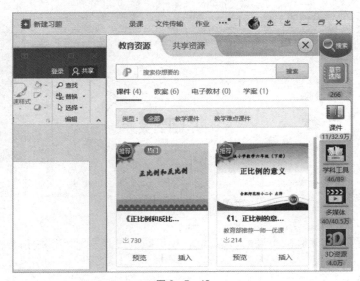

图 3 - 5 - 12

2. 学科工具

针对各学科重难点教学及呈现方式的需求，系统提供了与学科知识点相匹配的学科工具。点击右边资源栏的"学科工具"，选择自己需要的学科工具点击"插入"即可，如图 3-5-13 所示。

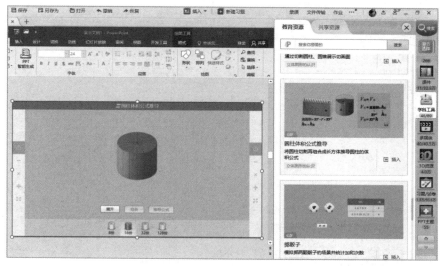

图 3-5-13

3. 自带题库

101 教育 PPT 中自带的题型非常丰富，除了单选题、多选题、连线题、填空题、主观题等基本题型外，还有充满游戏趣味性的连连看等趣味题型。备课时，点击右侧工具栏的"习题/试卷"，就可获取相匹配的习题资源，筛选后直接插入即可。点击"编辑"按钮，可对习题进行编辑后再使用，如图 3-5-14 所示。

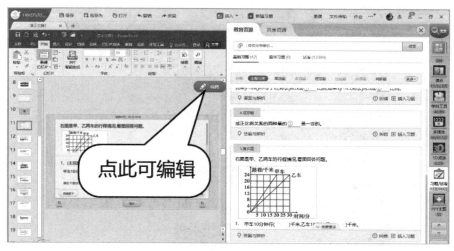

图 3-5-14

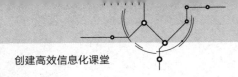

4. 实验视频

（1）插入视频。不同学科右边资源栏中的内容是不同的。对于物理、化学、生物等实验学科，软件内置有大量的实验视频。如教材信息是物理学科，则右边会出现"物理实验"栏目，点击"物理实验"，有众多的高清物理实验视频和虚拟实验供选择，如图 3－5－15 所示。将这些视频插入到 PowerPoint 课件中的方法与把电脑中的视频插入到 PowerPoint 课件中的常规方法不同，这些视频不能通过右击鼠标保存在电脑中单独播放，如果需要可以通过录屏软件录制这些视频，或在电脑中找到视频文件的位置。

图 3－5－15

（2）找到电脑中视频的位置。从右边资源栏中插入的视频，实际上是通过控件插入的。这些视频既然能够播放，就应存放在电脑中。

① 在幻灯片插入的实验视频中，右击鼠标后点击"属性表"。如图 3－5－16 所示。

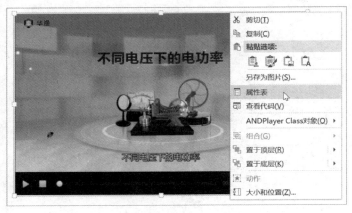

图 3－5－16

② 在"属性"对话框的"Url"项目中，可以看到视频文件的地址，如图 3-5-17 所示。根据地址可以找到该实验视频，方法是复制该地址后粘贴到任一文件夹上面的地址栏中，并删除后面的文件名及后缀，打回车即可。这个视频文件可以像普通视频一样，需要时再插入到 PowerPoint 课件中。

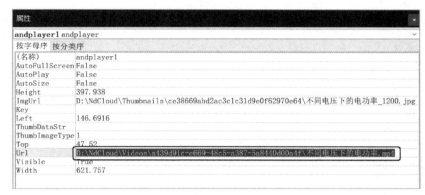

图 3-5-17

5. 其他操作

多媒体、3D 资源和 PPT 主题的操作方法，与课件、学科工具操作方法类同，不再赘述。

6. 我的网盘

101 教育 PPT 账号注册后同时提供 5G 的网盘空间，点击电脑界面右下角的"我的网盘"，可以把制作好的课件上传到网盘中，无论是在家中还是在学校里，只要连接到网盘，就可以管理、编辑或使用网盘里的文件。网盘中储存的文件分为"课件"、"多媒体"、"习题"、"文档"四种类型，如图 3-5-18 所示。可以自建文件夹，不仅可以上传课件，任意文档均可上传。

图 3-5-18

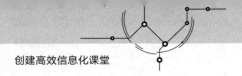

四、互动工具助力课堂

1. 工具栏

（1）点击 PowerPoint 播放按钮令课件全屏播放时，位于右侧的互动工具栏默认是弹出的，如果一段时间对工具栏没有任何操作，则工具栏会自动隐藏，如图 3-5-19 所示。

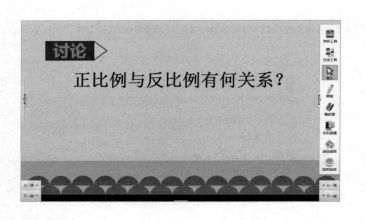

图 3-5-19

图 3-5-20

（2）两侧工具栏功能相同。工具栏内有八个按钮："学科工具"、"互动工具"、"箭头"、"画笔"、"橡皮擦"、"手机授课"、"返回桌面"、"结束放映"，如图 3-5-20 所示。下面重点介绍互动工具。

2. 工具栏中的互动工具

互动工具包括四个部分："常用工具"、"课堂活动"、"表扬鼓励"和"师生互动"，如图 3-5-21 所示。常用工具包括"放大镜"、"黑板"、"聚光灯"、"计时器"、"花名册"、"百科"、"高拍仪"、"划词搜索"和"课堂总结"等。下面以放大镜和黑板为例，说明其用法。

（1）放大镜。放大镜的作用是将局部进行放大显示，让学生注意力更集中。教师可以根据需要移动放大镜，引导学生关注展示页面中不同的内容。课件放映状态下，点击页面任一侧按钮，打开"工具栏"→点击"互动工具"→选择"放大镜"，如图 3-5-22 所示。长按并

图 3-5-21

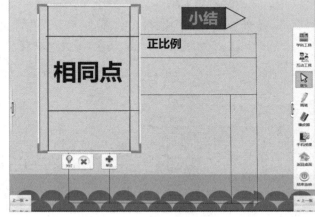

图 3-5-22

拖动放大区域四角（指针变成双箭头），可以调整放大区域大小；按住移动按钮，可以移动放大区域；可以"关灯"或"关闭"。

（2）黑板功能。播放过程中，打开"工具栏"→点击"互动工具"→选择"黑板"，如图3-5-23所示，打开电子黑板。电子黑板除了有板书的功能之外，主要用来协助教师绘制图形等，以便更直观地展示和补充讲解的内容。

① 配合画笔工具，可以在黑板上使用不同颜色和粗细的画笔进行书写。

② 当写满整页时，可以点击"删除"按钮将该页删除，或点击"添加"按钮新增一页。

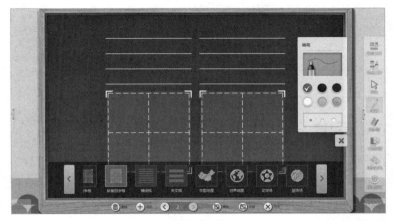

图 3-5-23

③ 讲解过程中,需要查看其他页面时,可点击左右翻页按钮进行页面切换。

④ 黑板预设了很多场景模板,如田字格、足球场等,以辅助板书讲解,用户可以选择模板并插入。

⑤ 当需要回到课件讲解时,点击"收起"按钮,可进行最小化操作。

⑥ 当不需要使用黑板时,可点击"关闭"按钮,回到课件。

3. 丰富的学科工具

如果选择的是物理学科,播放 PPT 课件时,点击"学科工具",可以插入与课程内容相关的学科工具,如图 3 - 5 - 24 所示,极大地丰富了课堂教学。

图 3 - 5 - 24

五、手机与电脑互联

101 教育 PPT 的手机端功能非常强大,除了有翻页功能之外,还有文件互传、图片快传、视频快传、传图识字、手机跟拍、无线鼠标、投屏、互动工具、学科工具等工具。另外,101 教育 PPT 的最大特点是通过手机端和电脑端进行大小屏互动时,不需要在同一个 Wi-Fi 内,只要手机和电脑都能上网就可以了。

1. 文件互传

文件互传支持的格式有 PPT、视频、音频、图片、文档等多种类型。

（1）点击电脑端右上角"文件传输"按钮（或右下角的"手机授课"按钮），用 101 教育 PPT 手机 App 扫描二维码，使得手机与电脑连接，如图 3‒5‒25 所示。手机与电脑的连接都要用手机 App 在此扫描二维码。

图 3‒5‒25

（2）连接成功后，点击下方"传输本地文件"或"传输当前课件"可传输电脑端文件到手机端，如图 3‒5‒26 所示。

图 3‒5‒26

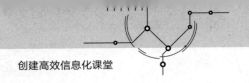

（3）同时，在手机端，点击"文件传输"，打开传输窗口，选择相应的文件，可把手机端文件传输到电脑端，如图 3-5-27 所示。手机端文件发送完毕后，电脑端右上角"文件传输"下将显示接收提示，点击"打开"按钮即可浏览或者保存。

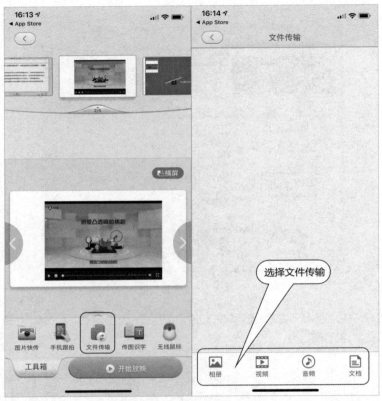

图 3-5-27

2. 图片快传

图片快传可以同时上传多张图片，在授课的过程中，增加实时评比、案例对比、错误查找等互动环节，帮助老师们更加灵活、充分地调动课堂气氛、提升课堂效率。连接成功后，在手机端点击"开始放映"，手机端下侧会出现三个选项卡："常用工具""互动工具"和"学科工具"，在"常用工具"中选择"图片快传"，如图 3-5-28 所示。

打开相册窗口后，选择直接拍照或从相册上传图片，最多可同时选择四张图片上传。上传后手机端界面如图 3-5-29 所示，电脑端界面如图 3-5-30 所示。在手机端右下侧有三个按钮，分别是激光笔、聚光灯和评奖。

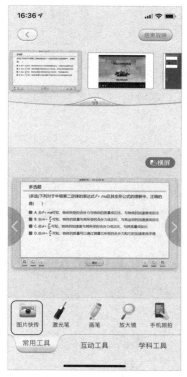

图 3 - 5 - 28

图 3 - 5 - 29

图 3 - 5 - 30

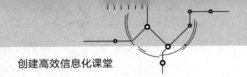

3. 互动工具与学科工具

在幻灯片放映状态下，在"互动工具"和"学科工具"选项卡中，有众多工具供选用。

"投屏"是将手机屏幕投影至电脑端，实时同步展示手机屏幕中的内容与操作。在手机投屏的过程中，配合使用手机端的其他功能，可对授课作很好的补充。

"互动工具"中的常用功能有"投屏"（苹果手机暂不支持）、"黑屏"、"计时器"等功能，如图 3-5-31 所示。

在"学科工具"中，根据不同的学科有众多学科工具供选用，如图 3-5-32 所示。

图 3-5-31

图 3-5-32

在用钉钉等直播平台上网课时，利用 101 教育 PPT 手机端的投屏功能，既可以用"黑板"工具实现手写，又可以调用手机摄像头直接在纸上书写，与电脑端 PPT 演示相配合，可以完美实现 PPT 演示和手写功能的无缝切换。

六、 用录课功能记录授课过程

使用 101 教育 PPT 可以把屏幕显示的授课过程录制下来。

1. 录制前设置

点击主页面上的"录课"按钮，弹出下拉菜单，有三个选项："开始录课"、"我的录课"、"录制设置"。点击"录制设置"按钮，弹出"录制设置"对话框。在此可以进行音、视频的设置，如图 3‐5‐33 所示。

图 3‐5‐33

2. 录课过程

准备就绪后，点击"开始录课"后，主页面右下方将会出现录课控制按钮："录制设置"，点击可再次进行音视频的录制设置；"开始录课"，点击后正式开始录课。在按钮上方会显示录课时长，便于查看当前课程录制的时长情况。录课过程中，可以随时进行暂停和保存的操作，如图 3‐5‐34 所示。点击图 3‐5‐33 中"我的录课"，可以查看、删除所录制的课程。

图 3‐5‐34

第六课 腾讯课堂与 QQ 的应用

腾讯课堂简单易学，QQ 用户覆盖面极广，这两款软件都是教师应该掌握的常用工具。在腾讯课堂官网（https://ke.qq.com/s）"老师极速版"中选择"Windows 版"，下载并安装。

一、腾讯课堂教师端

1. 填写信息进入教室

（1）安装完成后，依次填写手机号码、选择身份、填写认证信息等，如图 3-6-1 所示。

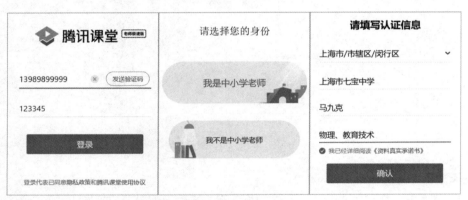

图 3-6-1

（2）点击"新增课堂"，创建不同的课堂，如图 3-6-2 所示。上课前点击相应课堂模块右上角的三个小点，可以把上课的链接分享给学生。然后点击"进入教室"准备上课。

图 3-6-2

（3）进入教室后，输入"授课内容"如"做新时代的数字化教师"，如图3-6-3所示，点击"确认"后开始上课。

图3-6-3

2. 教师界面及设置介绍

（1）教师界面。点击右上角的"邀请学生听课"，可以继续让学生扫描二维码，也可以复制链接通过微信群发送给学生，让学生进入课堂。界面分为三个区域，分别是功能区、授课区和讨论区，如图3-6-4所示。此时已经进入上课状态，师生可以互动了，但是没有上课的画面显示。

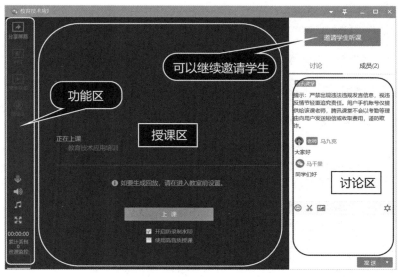

图3-6-4

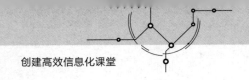

创建高效信息化课堂

（2）课前设置。点击界面右上角的下拉菜单，可进行多种设置和检测，如图3-6-5所示。

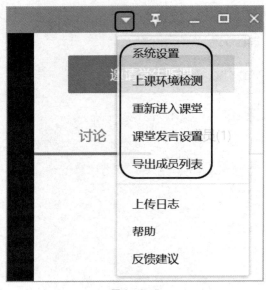

图3-6-5

① 系统设置。点击"系统设置"，在"音视频设置"中可以预览摄像画面、侦听麦克风声音，如图3-6-6所示。

图3-6-6

② 检测上课的网络环境。点击"上课环境检测"，可以检测网络信号等其他直播需要的软、硬件设施情况，如图3-6-7所示。

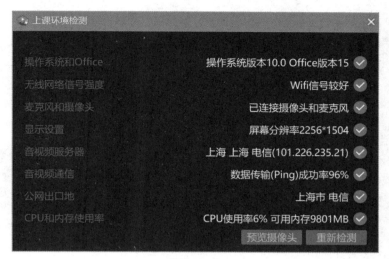

图 3-6-7

3. 课堂教学模式

在功能区的左上角有如图 3-6-8 所示的四种课堂播放模式，分别为"分享屏幕"、"PPT"、"播放视频"和"摄像头"。

图 3-6-8

图 3-6-9

（1）分享屏幕。分享屏幕就是让学生看到授课的屏幕画面，当点击"分享屏幕"时，授课区出现三种分享模式，如图 3-6-9 所示。

① 三种分享模式介绍。"分享区域"：在上面的方框中点击一下方框区域然后用鼠标在电脑屏幕上拖动，选中一个需要播放的区域（单击鼠标右键可退出），点击"开始实时分享"即可分享，如图 3-6-10 所示。窗口分享：点击"窗口分享"选择需要分享的某一个窗口即可。"全屏分享"：点击"全屏分享"，可以把电脑全屏分享给学生。

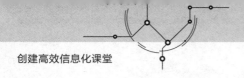

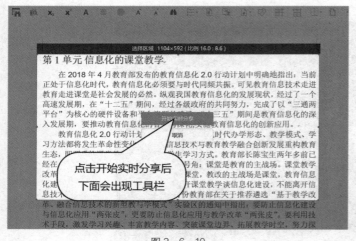

图 3-6-10

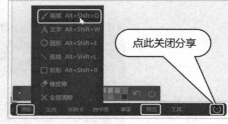

图 3-6-11

图 3-6-12

② 工具栏。三种分享模式下面都会出现如图 3-6-11 所示的工具栏。点击"预览",可以预览学生看到的界面;点击"举手",界面讨论区出现举手区;点击"画中画",可以显示摄像头画面;点击"画板",可以在画面上添加标注,实现画、圈、勾、点。如果全屏时没有看到工具栏,可以在左下角把选中的区域框向上拖动即可看到。

(2) PPT 授课模式。

① 在左边功能区点击"PPT"按钮,即进入 PPT 授课的模式。打开方式有两种选择,如图 3-6-12 所示。点击左边的的图标,即可使用 Office 打开 PPT,这种模式要求电脑安装 Office 2013 版本(建议安装)。一般用这种方法打开 PowerPoint 文档较好。

② 上课中可以利用画笔或鼠标(最好用书写板)在 PPT 的播放过程中进行标注,如图 3-6-13 所示。

图 3-6-13

(3) 视频播放模式。在讲课时如果需要播放视频文件,可以点击左边功能区的"播放视频",选择电脑中的视频文件打开后即可播放,如图 3-6-14 所示。

图 3-6-14

（4）摄像头播放模式。点击左边的"摄像头"，可以播放摄像头拍摄的画面，即可使用摄像头直播授课。

四种上课模式在上课时可以互相切换，交替使用。上课结束时先点击图 3-6-11 所示工具栏右下角的关闭分享按钮，再在功能区左边点击"下课"即可。

二、 腾讯课堂学生端

1. 通过手机加入课堂

（1）教师邀请学生上课。教师在主界面右上角点击"邀请学生听课"，则出现二维码和复制链接选项，如图 3-6-15 所示。将二维码截图后可以用于制作海报或直接发送给学生（或点击"复制链接"图标后将链接发送出去）。

图 3-6-15

（2）学生微信扫描进入课堂。学生用微信扫描教师发来的二维码后，手机上出现二维码图标，轻按二维码，可以"发送给朋友"，或"保存图片"后发送到群中。轻点"识别图中二维码"，即可进入课堂，如图 3-6-16 所示，并提醒打开 App 上课体验更佳。

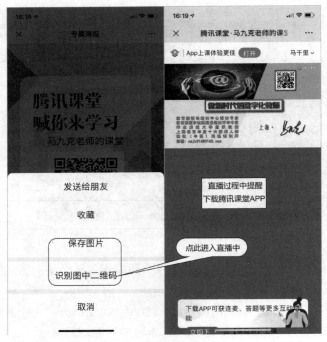

图 3-6-16

（3）从 App 进入课堂。如果手机安装了腾讯课堂 App，点击主界面下方的"课程表"，再点击上面的"免费课"，即可进入课堂，既可以进入直播，也可以回看历史课程，如图 3-6-17 所示。

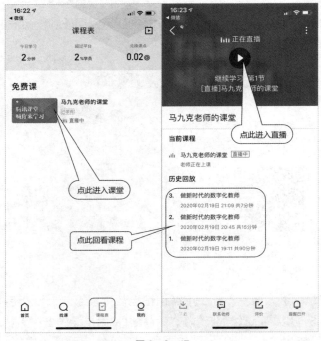

图 3-6-17

2. PC 端上课界面

（1）在腾讯课堂官网下载学生版，安装注册，微信扫描登录后，可直接进入课堂，不仅可以"查看回放"，还可以直接"进入直播"，如图 3‑6‑18 所示。

图 3‑6‑18

（2）直播过程的界面如图 3‑6‑19 所示。主界面与老师的界面是相同的。在播放 PowerPoint 课件时，学生可以在右侧区域与教师互动。

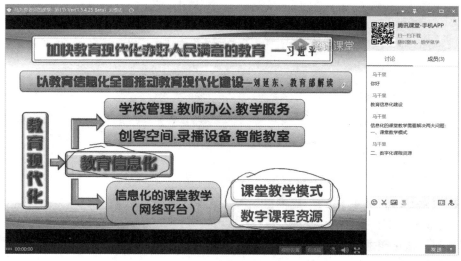

图 3‑6‑19

三、用 QQ 群直播教学

QQ 这款即时通信软件已经被广泛应用，利用 QQ 群，教师可以进行网络直播教学。利用该软件，教师既可以在手机上直播，也可以在电脑上直播。在群中的学生可以直接在电脑或手机上观看教师的课堂教学。利用该软件，教师既可以播放 PowerPoint 课件，也可以播放电脑操作的画面，还可以播放录制的微课程视频或其他下载的网络视频。直播的教学视频还可以回看。

1. 通过手机进入直播间

（1）建立班级群。在手机上打开 QQ 界面，点击右上角的加号，点击"创建群聊"，在"按分类创建"中选择"家校"，输入身份信息和群名称，如图 3-6-20 所示。

图 3-6-20

（2）进入 QQ 班级教学群中，点击右下角的加号图标后点击"直播间"，或者向左滑动后点击"群课堂"。如图 3-6-21 所示。

（3）可以直接点击"开始上课"（若选中"录制课程"，可以回看），默认关闭麦克风和摄像头，点击照相机图标开启摄像头后，可以预览摄像画面，点击右上角切换按钮可以切换摄像头，但是还没有播放出去，在此可以调整"滤镜"和设置"美颜"。点击"开启摄像头"后群中其

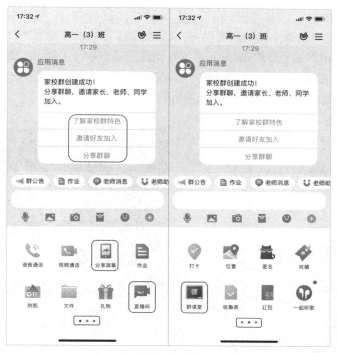

图 3 - 6 - 21

他成员才可以看到画面，如图 3 - 6 - 22 所示。将手机支起并将摄像头对准桌面，可以直接直播在桌子上做题的书写画面，利用手机进行直播教学。

图 3 - 6 - 22

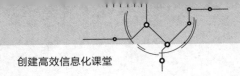

2. 分享屏幕

分享屏幕指分享直播手机的屏幕，群中成员可以实时看到直播者的手机画面。在如图3-6-21左侧所示界面下方点击"分享屏幕"，出现选择分享人的画面，默认全选。点击"分享屏幕"后，出现"直播屏幕"画面，再点击"开始直播"，手机屏幕的画面才会分享出去。点击右上角三横线，可以选择"停止分享"。如图3-6-23所示。

图 3-6-23

3. 通过电脑直播教学

（1）在电脑上打开 QQ 群，点击群课堂图标或直播间图标，均可以进入直播界面，如图3-6-24所示。

图 3-6-24

（2）进入直播前的准备界面，可以选择"录制课程"，这样结束后可以回看。在右边可以发送通知或查看在线人员情况。点击"开始上课"即可。如图 3-6-25 所示。

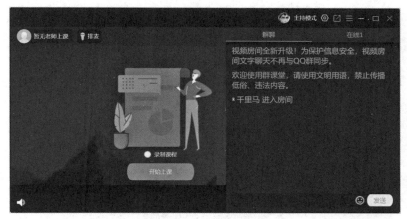

图 3-6-25

（3）点击"开始上课"后，可以开启或关闭摄像头。如图 3-6-26 所示。

图 3-6-26

图 3-6-27

（4）点击"开始上课"后，在下面的工具栏中有播放工具选项，点击播放选项按钮，可以选择"播放影片"、"分享屏幕"或"演示 PPT"等，如图 3-6-27 所示。

① 选择"播放影片"，可以插入电脑中下载的网络视频或录制的微课程视频进行播放。还可以暂停或关闭视频。如图 3-6-28 所示。

图 3-6-28

② 在图 3-6-27 中点击"分享屏幕",可以选择"分享窗口"或"分享区域",选择分享模式后,右下方会出现"开始实时分享"按钮,点击后即可将电脑屏幕的画面分享出去。如图 3-6-29 所示。在分享模式中也可以打开 PowerPoint 课件进行演示。

图 3-6-29

③ 在图 3-6-27 中点击"演示 PPT",可以打开 PowerPoint 课件直接演示,并且默认打开了激光笔功能。如图 3-6-30 所示。点击右下角"结束课堂"可停止演示。

图 3 - 6 - 30

四、 用 QQ 录制屏幕和识别图中文字

打开任意一个 QQ 聊天窗口,将光标轻置于小剪刀图标上,建议选中"截图时隐藏窗口"。可以使用快捷键进行操作,也可以用鼠标点击"屏幕截图"、"屏幕识图"和"屏幕录制"等按钮操作。如图 3 - 6 - 31 所示。下面简单介绍一下"屏幕录制"和"屏幕识图"的使用方法。

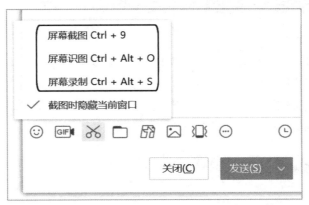

图 3 - 6 - 31

1. 屏幕录制

（1）点击"屏幕录制"按钮,选择录制的区域,在右下角点击"开始录制"即可。如图 3 - 6 - 32 所示。

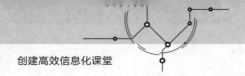

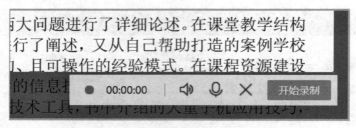

图 3-6-32

（2）当录制结束时，直接进入视频播放状态，在右下角点击"√"按钮，视频文件会被直接保存。同时进入 QQ 界面的文字输入栏，点击即可将视频发送出去。若点击界面下方的下载图标按钮，则视频将被"另存为"MP4 视频文件。如图 3-6-33 所示。这种录制屏幕的方法由于录制时操作不方便，所以一般适合已提前调整好界面的情况或短时间的局部界面的录制，对于网络视频的录制还是建议使用 Camtasia Studio 9.0 软件。

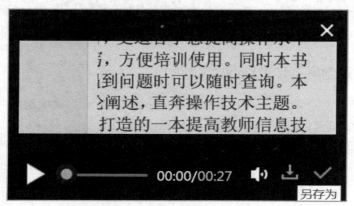

图 3-6-33

（3）用户可以在"系统设置"的"文件管理"中，找到录制的文件。录制后只要点击了按钮"√"，视频文件就会被默认保存在 ScreenRecorder 文件夹中。该文件夹的查找方法是：在"系统设置"中的"文件管理"选项中，点击"打开个人文件夹"，即可找到 ScreenRecorder 文件夹，并可从中找到录制的视频文件，如图 3-6-34 所示。

图 3-6-34

2. 屏幕识图

　　该功能主要应用在电脑界面上无法编辑又需要提取画面文字的情况下使用（如菜单上的文字），也可以使用该功能对界面上的图片或 PDF 文件的文字进行提取。点击"屏幕识图"，选取识图的区域，双击后出现如图 3-6-35 所示的界面，在右下角点击复制图标，将可以直接复制提取出的文字粘贴到 Word 文档中，再进行修改编辑。点击下载图标，可以将文字下载保存至无格式的记事本文件中。

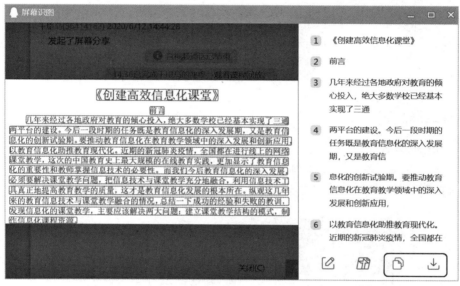

图 3-6-35

第七课 通过钉钉进行网络教学

利用钉钉软件的群直播功能和视频会议功能都可以进行网络教学。钉钉直播可以实现一对多的多群联播。一个群成员可以达到 1 000 人，并且可以同时进行 45 个群联播，但主讲人与参会者互动性较差。视频会议可多方参与互动，进行发言、讨论和交流，与会人数可达 300 左右。下面分别对它们作简单介绍。

一、群直播教学

1. 在钉钉中建班级群

（1）在手机上下载安装钉钉 App，进入主界面"消息"选项卡，在右上角点击加号图标，点击"发起群聊"，在"场景群"中选择"班级群"，点击"创建"，如图 3-7-1 所示。

图 3-7-1

（2）班级群类型可以选择"师生群"，输入"群名称"及其他相关内容，然后点击"立即创建师生群"，如图 3-7-2 所示。

图 3-7-2

（3）邀请学生入群。创建群后可以通过"微信邀请"、"钉钉邀请"等不同的方式让学生入群。如果点击"微信邀请"（或其他方式），在出现的"选择验证方式"中，可以选择不同的验证方式，最后点击"确认"即可，如图 3-7-3 所示。

图 3-7-3

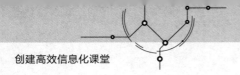

2. 在电脑端发起直播

（1）在手机端创建了班级群后（在电脑端通过"发起群聊"也可以创建班级群），可以在电脑上打开钉钉客户端，点击自己创建的班级，在右边出现的界面中，可以继续添加学生入群。

（2）班级群的工具条中有众多工具，点击直播工具即可发起直播，如图 3-7-4 所示。如果点击"发起课程签到"，学生手机上会收到签到的信息。

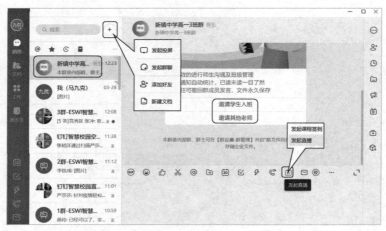

图 3-7-4

（3）选择直播模式。在图 3-7-4 中点击"发起直播"，在"直播"对话框中输入"直播主题"，默认选择"屏幕分享模式"，这样教师电脑上播放的 PowerPoint 课件以及电脑上的其他操作画面就能通过直播分享给学生。"支持连麦"和"禁用点赞"功能可以根据情况选用。然后点击"创建直播"即可，如图 3-7-5 所示。

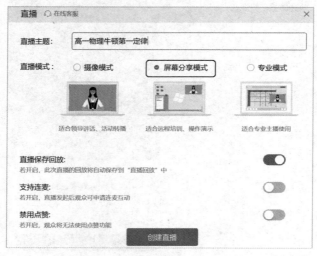

图 3-7-5

"摄像模式"与常见的直播很类似，通过自带摄像头或外接摄像设备将图像和声音直播出去，适合于将纸质板书通过摄像播放出去。

"支持连麦"打开后，学生可以申请连麦，教师允许后全班可看见该学生的摄像头画面。

（4）直播面板。点击"创建直播"后，界面上端会显示直播工具栏。点击"开始直播"即可开始播放，如图 3-7-6 所示。在直播工具栏中有多种工具供选用。

① 点击"露脸"，可以显示讲课教师的头像。

② 在"声音设置"中，可以设置音量等。

③ 如果一个教师负责多个同年级班级课程教学，可以选择"多群联播"（该教师要加入其他班级的群中），多个群可以同时看到该教师讲课的画面。

图 3-7-6

④ 点击"钉钉白板"，可以用鼠标或书写笔在直播中书写讲解。可以添加多个板面，并可保存书写的画面，如图 3-7-7 所示。

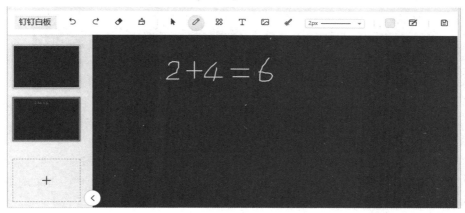

图 3-7-7

⑤ 点击"互动面板"，在右边可以查看听课的人数以及点赞情况。

3. 通过手机创建直播

打开手机钉钉 App，进入班级群，点击"在线课堂"，在"班级直播授课"中点击"立即发起"，即进入了直播界面，点击"开始直播"即可，如图 3-7-8 所示。若把手机固定，可以播放教师的书写画面。直播时可以选择手机横屏显示，学生在手机或电脑上就可以满屏观看。

图 3-7-8

4. 观看直播

　　（1）在手机上看直播。打开手机端钉钉后，如有群在直播，会话列表页面会显示出"正在直播的群"的选项，点击即可观看，也可以在直播的那个群中打开直播观看。有半屏观看、全屏观看、小浮窗观看三种模式供选择。

　　（2）在电脑端看直播。打开电脑端钉钉后，如有群在直播，会话列表页面会显示出"正在直播的群"的选项，点击即可观看，也可以在直播的那个群中打开直播观看。如果错过了直播，也可以在群文件中回放直播录像。

5. 直播结束

　　直播结束后，会有相应的直播统计和直播回放，方便评估效果和后续查看。在电脑界面右端，点击"直播回放"，若直播发起人为群主（或管理员），则可以把直播发到群里，或进行直播数据统计，还可以下载，或在"权限设置"中，设置是否允许下载等，如图 3-7-9 所示。

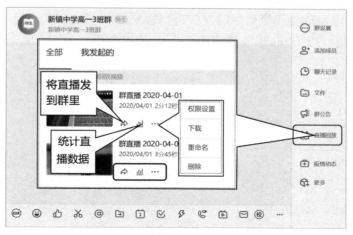

图 3-7-9

6. 布置作业

（1）教师在班级群内点击"家校本"可以布置作业，如图 3-7-8 所示。进入"家校本"页面，初次使用会出现"发个作业试试"按钮，可点击右下角加号创建作业，并在"作业模板"中选择学科，还可以"自定义作业"，如图 3-7-10 所示。

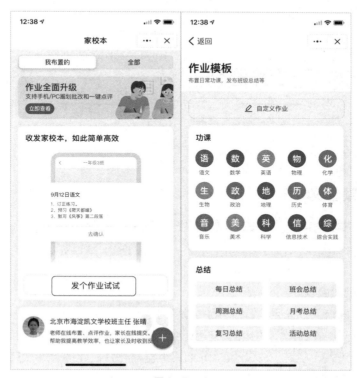

图 3-7-10

（2）在"布置作业"界面，可以输入"作业名称"和"作业详情"，可以发布图片或录制声音文件，还可以发送自己钉盘中的文件。创建好后点击"发布"即可，在"家校本"界面，可以预览作业，或"去批改"，或点击右下角的加号继续添加作业，如图 3‑7‑11 所示。

图 3‑7‑11

二、利用视频会议教学

前面介绍的群直播是一对多的，一般适用于不需要太多互动的场合。视频会议可多方参与互动，师生可以互动发言讨论。

1. 用手机发起视频会议

（1）从主界面进入。在手机钉钉 App"消息"主界面右上角点击电话图标，然后点击"视频会议"，如图 3‑7‑12 所示，再点击"开始开会"即可选择参会的群和钉钉好友。

（2）从群中进入。在某一选定的群中（如班级群）点击"在线课堂"，然后选择"视频会议授课"，点击"立即发起"，如图 3‑7‑13 所示，即进入视频授课状态。点击"开始开会"，选择添加参会人员即可开会。

图 3 - 7 - 12

图 3 - 7 - 13

2. 在电脑端发起视频会议

（1）发起会议。可以在电脑端主界面左下角点击电话图标，然后点击"发起会议"，也可以在群中的工具栏中点击"视频会议"的电话图标，发起会议，如图 3 - 7 - 14 所示，即可进入视频会议状态。

图 3 - 7 - 14

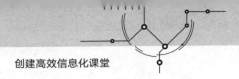
（2）邀请参会人。发起会议后，可以修改会议名称，点击"邀请参会人"，如图 3-7-15 所示，可以添加参会的人员。

图 3-7-15

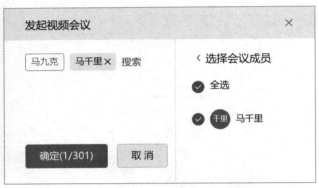

图 3-7-16

选择参会人员后点击"确定"，如图 3-7-16 所示。如果从群中发起会议，可以选择群内人员参会，如果从主界面左端点击电话图标发起会议，可以选择其他群及好友参会。

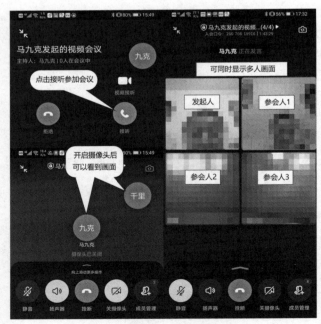

图 3-7-17

3. 开始开会

（1）参会者通过手机参加会议。会议发起者邀请参会人员后，参会者如果手机上安装了钉钉 App，并与发起者为好友或在群中，当参会者打开钉钉 App 时，手机上会有提示，点击"接听"即可参会。若双方都开启摄像头，手机上会显示双方画面，如果多人参加会议，可以显示多人的画面，如图 3-7-17 所示。

（2）开始开会。默认会议发起人为主持人。开始开会后，若开启了摄像头，中间区域默认显示主持人画面，在右边点击不同的参会人，可以在中间区域显示该参会人的画面。界面下面有工具栏，在右下角可以选择不同的显示模式，如图 3-7-18 所示。

图 3-7-18

4. 会议主持人电脑界面

（1）工具栏。主界面下面的工具栏中有多种工具供选用，可以让自己静音；可以开启或关闭摄像头；可以共享窗口；点击中间"结束会议"图标则结束会议；可以继续邀请参会人；可以让"全员静音"；如果开会时点击"录制"按钮，可以录制会议的画面语音等内容，如图 3-7-19 所示。

图 3-7-19

（2）共享窗口。在工具栏中点击"共享窗口"，出现"窗口共享"选择界面，有多种选项供选择。如图 3-7-20 所示。

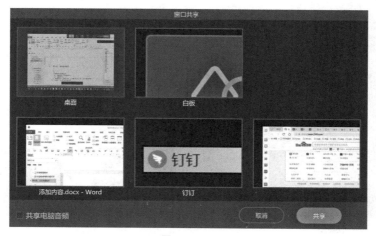

图 3-7-20

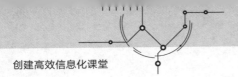

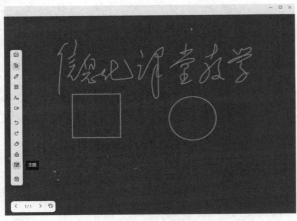

图 3-7-21

① 共享桌面。选择共享"桌面",即全屏分享,此时电脑上的所有操作画面都会分享到参会人的界面上,此状态下可以播放 PowerPoint 课件。直播教学中常用共享"桌面"功能。

② 共享白板。在"窗口共享"界面点击"白板",即可用鼠标"板书"(最好使用手写板)。在左边工具栏中的"主题"选项中,可以设置白板、绿板或黑板主题,左下角可以添加白板的页面。还可以把板书画面保存为图片格式,如图 3-7-21 所示。

③ 共享工具栏。在共享状态下,上方出现共享工具栏,在共享窗口时工具栏会隐藏在界面上方,当鼠标移动到电脑界面上方时,工具栏会显示出来,点击"新的共享"可以切换新的共享窗口。用鼠标拖动左边三条竖线,可以移动工具栏,如图 3-7-22 所示。点击"结束共享",则共享窗口关闭。

图 3-7-22

（3）全员静音。点击工具栏中的"全员静音",可以选择"强制全员静音",这样所有参会者均不可以发言;若选择"全员静音",参会者还可以自由取消静音,如图 3-7-23 所示。在界面中间主画面的右上角常常会出现一个话筒图标,此话筒图标的作用与这里全员静音的功能基本一样,都是向参会者发送静音信息的。

图 3-7-23

图 3-7-24

（4）不同的显示模式。

除了默认的"列表"模式外，在界面右下角，还可以切换到"演讲"和"宫格"等显示模式，如图 3-7-24 所示。

① 演讲模式。点击右下角的"演讲"模式按钮，右边可以显示参会者的图像画面（如果都开启了摄像头），点击某一参会者图像，左边会显示出该参会者放大的图像，如图 3-7-25 所示。

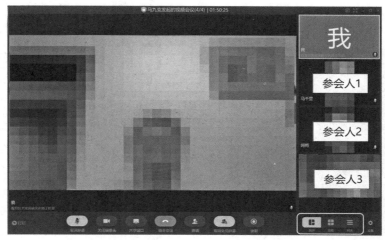

图 3-7-25

② 宫格模式。点击右下角的"宫格"模式按钮，多个参会者的图像画面会以宫格形式排列在一起，如图 3-7-26 所示。

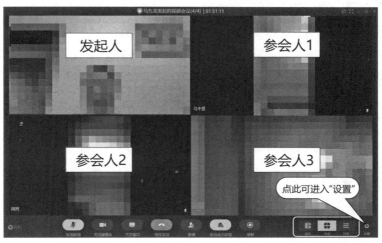

图 3-7-26

（5）其他设置。

① 在界面的右边区域某一参会者图标上（或其他位置），常常有三个小点，点击后可以

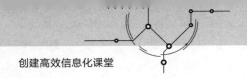

设置"全员看 TA"，这时所有参会者都可满屏显示该参会者的图像画面，参会人员可以点击手机左上角的左退出按钮，重新恢复到多画面显示；若把某一参会者"设为主持人"，则控制全员静音等操作的权限即被转移，如图 3-7-27 所示。若想重新获得原主持人权限，需要新的主持人重新设置主持人才可以。

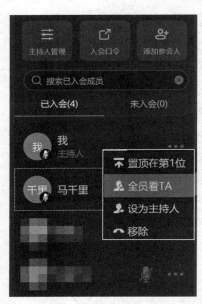

图 3-7-27

图 3-7-28

② 设备的设置。点击图 3-7-26 右下角的"设置"按钮，可以提前测试摄像头、麦克风和扬声器的效果；如果有多个设备，可以在此选择摄像头和麦克风等；可以关闭或开启镜像和美颜功能；可以设置录制文件的保存位置，如图 3-7-28 所示。

第八课 UMU 互动学习平台

UMU 是一个互动学习平台。UMU 支持在线学习全场景：直播、微课、考试、作业、讨论等。

一、 注册与登录

1. 电脑端

（1）打开 UMU 官网（www.umu.cn）（推荐使用 Chrome 浏览器打开网页）并点击注册。按照步骤提示完成注册即可，如图 3-8-1 所示。UMU 支持通过手机号、邮箱、微信三种方式注册账号。

图 3-8-1

（2）注册完成后进入首页，如图 3-8-2 所示。

图 3-8-2

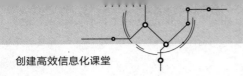

2. 手机端

在手机上下载"UMU 互动"App，安装完成后点击 App 进入登录界面，登录完成后进入主界面，如图 3-8-3 所示。

图 3-8-3

二、 使用 UMU 创建课程

1. 在电脑端创建课程

（1）点击"我的课程"，在"我创建的"界面中，点击"创建课程"，如图 3-8-4 所示。

图 3-8-4

（2）进入编辑课程界面，如图 3-8-5 所示。按照提示输入课程相关信息并进行课程设置后，点击"下一步"即可保存课程。

图 3-8-5

（3）保存课程后即可进入"课程目录"界面，如图 3-8-6 所示。点击右上角按钮可以"添加课程小节"。课程小节是 UMU 课程体系的最小单元，课程是由课程小节构建而成的。教师可根据教学实际情况来搭建课程，这里以教科书的课程体系搭建了课程，如"高一年级　物理"。搭建的课程可以是教科书中的一个单元，也可以是单独一节课，可从多种维度来设计课程架构。

图 3-8-6

"第一章直线运动"和"第二章运动和力"是添加的章节，可以通过点击"在章节内添加小节"来增加小节内容，也可以通过点击右上角"添加课程小节"按钮来实现相同功能，如图 3-8-7 所示。

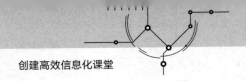

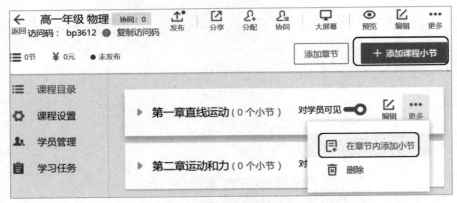

图 3-8-7

课程小节中支持添加的课程内容包括"语音微课"、"文档"、"视频"等多种类型,同时支持添加多种互动环节,包括"提问"、"考试"、"作业"等。如在第一章直线运动中添加一个PowerPoint课件,可点击"在章节内添加小节",并选中"文档",如图 3-8-8 所示。

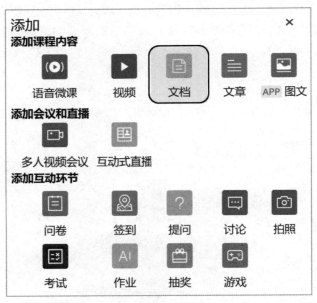

图 3-8-8

点击"选择一个文档"后,进入"个人中心"→"我的文档",点击"去上传文档"即可将电脑中的本地文档上传至 UMU,然后返回至如图 3-8-9 界面,选中对应文档,点击右下角"选择文档",即将该文档添加到"第一章直线运动"的课程章节中。

图 3-8-9

2. 在手机端创建课程

（1）在手机端主界面点击"课程"，再点击右上角的加号，在"创建课程"界面创建课程，接着点击"下一步"，课程创建后可以"添加章节"或"添加课程小节"，如图 3-8-10 所示。已经创建的课程可以多次编辑，持续添加章节或添加课程小节。

图 3-8-10

（2）点击"添加课程小节"后，与电脑端的操作一致，可以添加课程内容以及多种互动环节，如添加文档或视频文件。点击"文档"，在已上传的文档中选择相应文档，点击"上传文档"，点击右上角"完成"，即可添加文档，如图 3-8-11 所示。

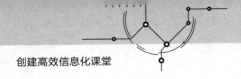

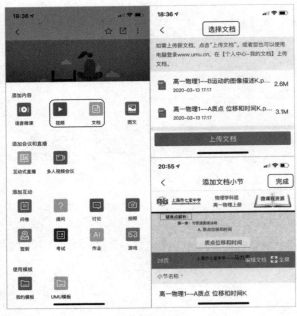

图 3 - 8 - 11

图 3 - 8 - 12

三、使用 UMU 文档

　　UMU 文档课程支持包含 Word、PPT、Excel 在内的十六种主流文档格式。UMU 文档课程在教育教学场景中能够应用于课堂教学、教师培训，可进行学习资料等信息知识的分享与传递。

1. 上传文档

　　(1) 在主界面右上角下拉菜单中点击"个人中心"，进入"我的文档"，如图 3 - 8 - 12 所示。

　　(2) 点击"上传文档"后，可以上传电脑中的 PPT、Word、Excel 等文档，如图 3 - 8 - 13 所示。上传至"我的文档"中的文档，可以添加至任意"课程"中使用。在某一文件上右击鼠标可以删除该文档。同时 UMU 提供了"回收站"，文件被误删除后可在"回收站"中找到并恢复。

图 3 - 8 - 13

2. 制作文档课程

（1）如图3-8-8所示，在课程下添加"文档"。如图3-8-9所示，点击"选择一个文档"后，点击页面中央的箭头，选中需要添加的文档，点击右下方"选择文档"，将文档添加到课程中。也可以点击"去上传文档"，到"我的文档"中添加新的文档文件。

（2）选择文档后，进入如图3-8-14所示界面，在相应的位置编辑文档课程的名称，UMU会自动读取文件名称并将其默认为文档课程的名称。可在"文档设置"中进行相关设置，可编辑"文档描述"等。点击"完成"以保存文档课程。

图 3-8-14

（3）在课程中添加文档或视频作为课程小节后的界面如图3-8-15所示。点击"更多"，会出现更多操作供选用。

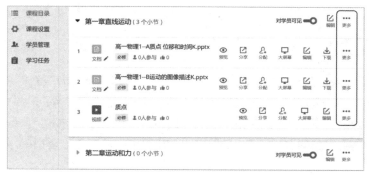

图 3-8-15

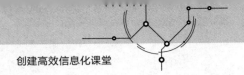

四、使用 UMU 直播

教师可以通过手机随时随地发起直播，学生通过 UMU App 或微信 UMU 直播小程序等任一途径，均可轻松加入直播学习。

1. 创建 UMU 直播

（1）创建课程后，如图 3-8-10 所示，点击"添加课程小节"，进入如图 3-8-11 所示界面，选择"互动式直播"，进入直播编辑界面，按照提示输入直播课程名称，设置"直播形式"和"直播布局"等，如图 3-8-16 所示。

图 3-8-16

（2）直播前设置。在直播中可以加入互动环节。在图 3-8-16 设置完成后点击"下一步"，会进入"直播库"编辑界面，在左下角可以"添加讲稿图片"（PPT 可以保存为图片添加），点击"添加课程小节"即可添加课程下已包含的 UMU 课程小节，如签到、提问、讨论、问卷等，选择直播中需要添加的课程小节，点击"下一步"即可将其保存到直播库，如图 3-8-17所示。

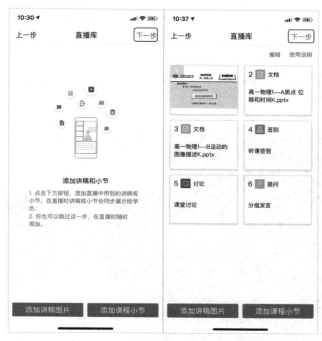

图 3-8-17

2. 直播中互动

在直播界面，有直播区、讲稿区与发言区等，点击右上角的分享按钮，可以采用不同的方式分享，点击三个小点，还可以进行相关设置，如图 3-8-18 所示。学生可以在自己的手机

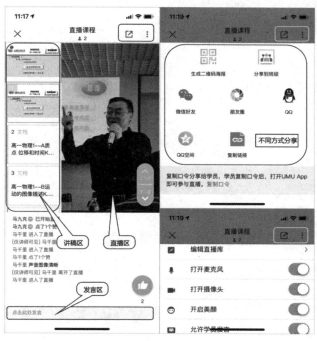

图 3-8-18

上同步观看直播的画面。在直播中学生可以参与互动。

3. 直播结束后

直播结束后立即显示直播的相关统计数据，在课程页面还可以观看直播的回放，直播结束后数据均可导出，如图 3-8-19 所示。

图 3-8-19

五、 使用 UMU 视频会议

1. 添加会议

（1）在课程或者章节中添加小节，在"添加"界面点击"多人视频会议"，即可完成会议添加，如图 3-8-20 所示。

图 3-8-20

（2）进入会议的设置界面，可以输入会议标题和会议说明等，此时系统会提示"若使用电脑开始会议，需下载 UMU 客户端"，如图 3-8-21 所示。

图 3-8-21

2. 将会议分享给学生（参会者）

（1）在课程中相应会议小节的右边，点击"分享"，如图 3-8-22 所示。

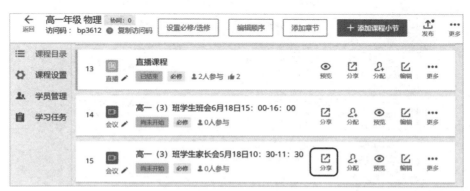

图 3-8-22

（2）在分享页面，可以通过二维码分享，或复制链接分享，或者直接"分享到班级"，如图 3-8-23 所示。

图 3 - 8 - 23

3. 准备开会

（1）在电脑浏览器中输入网址 https://m.umu.cn/napi/desktop/download，按回车键后即可下载会议客户端。打开 UMU 会议客户端，在"管理的会议"中可以看到所有保存但未开始的会议，如图 3 - 8 - 24 所示。点击"开始会议"即可开会。

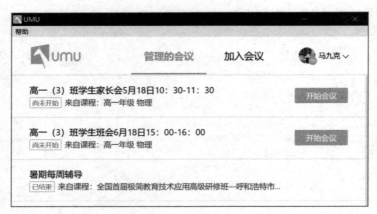

图 3 - 8 - 24

（2）当点击"开始会议"时，在界面最下方导航栏处可看到多种基本功能的按钮，可以设置电脑的摄像头和音频设备，点击"共享屏幕"可以与参会者共享自己的电脑屏幕，如图 3 - 8 - 25 所示。

图 3 - 8 - 25

六、 使用 UMU 作业

UMU 的作业形式有视频、语音、图文和文档四种。视频作业提交后教师可以给予过程评价和整体评价，也可以通过语音或文字的方式给予个性化反馈，还可以让学生彼此点评。

1. UMU AI 视频作业

（1）教师布置 AI 视频作业。在课程（或章节）中添加课程小节，点击"作业"，进入作业编辑界面，有四种作业形式，选择"视频作业"，如图 3 - 8 - 26 所示。教师可填写作业要求，上传作业图片，添加作业关键词等相关内容。

图 3 - 8 - 26

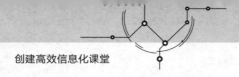

（2）学生提交 AI 视频作业。登录 UMU 的 App，输入课程访问码或在学习任务中找到该课程。点击"添加视频作业"，然后点击"横置手机，开始 AI 拍摄"，如图 3-8-27 所示。还可以提交手机中已有的视频文件。

图 3-8-27

（3）视频作业适用于以技能、表现、表达为导向的练习，包括各学科（英语）答辩、演讲、学生的综合表达能力练习等场景。UMU AI 将会在录制中和结束时立刻给出反馈。视频作业提交后教师可以给予过程评价和整体评价，教师和学生可以在作业播放过程中点赞，还可以通过语音文字的方式给予个性化反馈。

2. 其他作业形式

UMU 四种作业形式适用于不同的教学场景。在图 3-8-26 所示界面中，还可以分别选择"语音作业"、"图文作业"、"文档作业"，填写作业要求，上传作业图片，设置作业分数，保存后发送给学生。

（1）语音作业适用于让学生讲解解题思路（理科），讲解重点的知识点（文科）等场景，以上传多张图片加 10 分钟语音的方式完成作业。

（2）图文作业适用于数学、物理等学科，以写公式做卷子的方式完成作业。学生做完卷子后拍照上传到图文作业中，教师对作业进行点评。

（3）文档作业适用于提交论文、PowerPoint 演示文档等，支持上传 PowerPoint、Excel、Word 等多种格式的文档。

七、 使用 UMU 考试

1. 创建题库

（1）在 UMU 电脑端界面，点击"课程资源"，选中"题库管理"，在右边点击"创建题库"，输入试题"标题"，如图 3−8−28 所示。

图 3−8−28

（2）在图 3−8−28 中若点击"添加问题"，可以手动输入试题，并可以添加"单选题"、"多选题"和"开放式问题"三种题型，如图 3−8−29 所示。

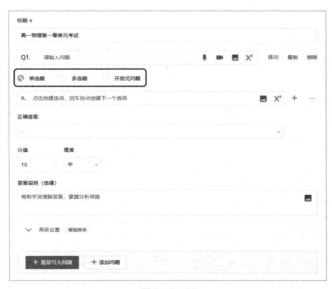

图 3−8−29

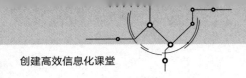

（3）在图 3-8-28 中若点击"批量导入问题"，需点击"下载模板"获得 Excel 模板，并按照模板提示输入题目。输入完成后点击"上传文件"，文件上传成功后，再点击右下角"导入"，即完成批量导入操作，如图 3-8-30 所示。

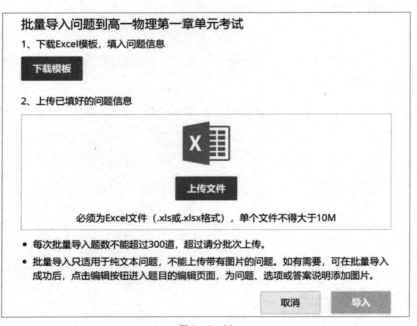

图 3-8-30

图 3-8-31

2. 在电脑端创建考试

（1）在"我的课程"中，选择需要考试的课程进入"课程目录"界面，点击界面右上角"添加课程小节"，参见图 3-8-20，选择添加"考试"，如图 3-8-31 所示。进入试题的编辑界面，点击"添加问题"，即可手动添加试题。

（2）考试由考试"标题"与考试题目组成。支持三种题型：单选题、多选题、开放式问题。

① 点击问题输入框右侧的四个小图标，即可添加音频、视频、图片、公式。若选择输入单选题或多选题，输入选项时无需输入选项前的序号 A、B、C、D，当前选项输入完成后点击回车即可输入下一个选项。还需设置正确答案与题目分值，填写答案说明，帮助学生理解答案，如图 3-8-32 所示。在左上角点击"考试设置"选项，可以对考试项目进行更多设置。

图 3-8-32

② 点击图 3-8-32 界面下部的"添加问题",可持续添加题目。考试题目支持批量添加。点击"从题库添加",可从图 3-8-28 所示题库管理界面中选择已创建的题库,并从中导入已经创建的试题。在图 3-8-32 所示界面中点击"题库随机模式",可以选择题库并设置出题规则,学生考试时,系统会根据设置,随机抽取符合要求的题目组成考卷,每个学生所答题目可能不同。

（3）开放式问题。选择"开放式问题"时,标准答案属于选填项。

① 不提供标准答案时,支持教师开放式阅卷,学生端可以直接输入文字或者图片进行作答。

② 提供标准答案时,支持系统自动阅卷。一般教师设置多空填空题的标准答案时,答案之间用分号隔开,可在题干中为学生提示说明。

3. 学生参与考试

（1）学生可通过扫描二维码、点击链接、输入课程访问码等多种方式参与考试。

（2）点击"开始考试"进入答题界面。学生根据题目要求作答,选择题直接点击选项即可,开放式问题直接输入文字或者上传图片,试卷完成并提交后即可得到考试分数及作答情况反馈,如图 3-8-33 所示。

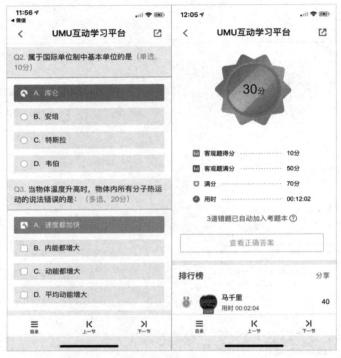

图 3-8-33

（3）使用考题本。学生可以将考试中的难题或易错题手动加入"考题本"，考试中错误的题目会自动添加至"考题本"，用于学生对题目的反复练习。

（4）学生可在"个人中心"快速查看"考题本"，其包含了"易错题目"和"已收藏题目"，"易错题目"在重练做对后，将自动移入"已收藏题目"。学生可以按照所有题目，或按照考试小节进行重练考题。

4. 阅卷和讲解及数据统计

（1）阅卷。

① 在课程中点击考试小节，如图 3-8-34 所示。

图 3-8-34

② 进入"学员管理",可以看到"待评分"学生或者"已评分"学生的状态及相关数据,如图 3-8-35 所示。对于待评分的学生可点击"评分"开始阅卷。手机端评卷操作与此类同。

图 3-8-35

（2）语音讲解考试题目。

① 在考试小节下,点击"微课讲解",进入选题界面,可选择作答正确率低的题目或者重点题目进行讲解。勾选完题目后点击"确定",如图 3-8-36 所示。

图 3-8-36

② 进入录制语音微课界面,讲稿即为已选好的题目界面。教师点击"开始录音",可一边录制一边实时滑动讲稿,录制结束后点击"完成",还可以"添加背景音乐",点击"下一步"即可保存,如图3-8-37所示。

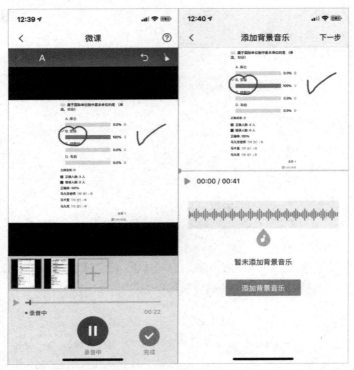

图3-8-37

（3）查看考试数据。在考试小节"基本信息"页面中,可以查看考试平均分、最高分和最低分,每道题目正确率,每位学生的答题情况。点击右侧"更多",选择"下载表格",即可下载学生考试成绩、排名,以及每位学生的详细作答数据,如图3-8-38所示。点击左侧的"学

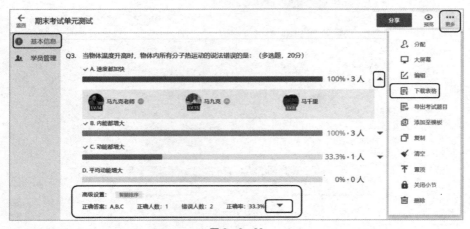

图3-8-38

员管理"选项,可以查看考试排行榜以及修改评分。

八、使用 UMU 微课

1. 在电脑端创建语音微课

(1) 在"我的课程"中,选择需要应用微课的课程进入"课程目录"界面,点击界面右上角"添加课程小节",选择添加"语音微课",如图 3-8-39 所示。

图 3-8-39

(2) 进入"语音微课"编辑界面,制作讲稿。

① 可以"上传 PPT"后在线自动转换为图片,或从电脑中"上传讲稿图片",如图 3-8-40 所示,然后点击"开始录音",录制声音即可。

图 3-8-40

② 还可以直接"添加新讲稿"后,输入文字、涂鸦。然后点击"开始录音"录制声音,如图 3-8-41 所示,在界面选择"讲稿主题"模板并输入文字内容,完成后将鼠标移动至讲稿区域外即可自动生成一张讲稿图片,点击添加按钮,开始下一张讲稿的制作。在录制过程中,可以随时添加 PowerPoint 课件或者图片。

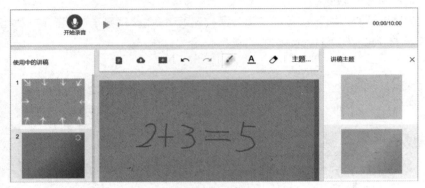

图 3-8-41

（3）录制微课。点击"开始录音"即可开始录制长度在 10 分钟以内的微课,录制过程中可以实时滑动讲稿以及进行涂鸦,并可随时暂停录制,暂停点之间的内容可以删除重录。左侧是讲稿预览区,在此区域可以快速跳转到某一张讲稿,右击鼠标,可以复制、删除该讲稿。中间为讲稿展示区,在此可以随时根据进度需要滑动图片进行切换,学生学习时会同步还原老师录制微课时的翻页动作,如图 3-8-42 所示。录制完成后点击"完成"即可。

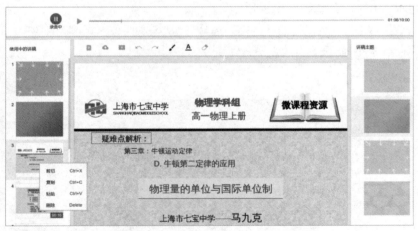

图 3-8-42

（4）保存语音微课。进入设置界面,对微课进行设置,可以任选一张图片作为微课的封面,点击"完成",语音微课就制作好并保存下来了,如图 3-8-43 所示。

图 3-8-43　　　　　　　　　　　　　　　　图 3-8-44

2. 在手机端创建语音微课

（1）在课程或章节中添加课程小节。点击"语音微课"进入编辑讲稿界面，输入相关内容，点击"保存"即可自动生成一张讲稿，如图 3-8-44 所示。

（2）还可以添加手机中的图片作为讲稿（对于电脑中的 PPT 文档，可以在电脑上将 PPT 文档保存为图片格式后导入到手机相册中），然后进入录制状态，如图 3-8-45 所示。

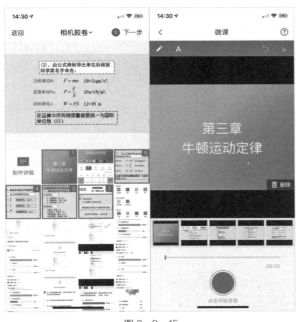

图 3-8-45

图 3-8-46

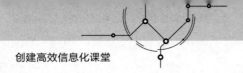

录制中可以随时根据进度需要滑动图片进行切换，支持录制长度在 10 分钟以内的微课。

（3）支持预览语音微课，并可添加背景音乐。系统自带多首乐曲可供选择，支持循环播放以及淡入、淡出的音乐效果。点击"下一步"，可以设置微课小节名称，点击"完成"，微课制作完毕，如图 3 - 8 - 46 所示。

3. 学生参与微课

学生通过扫描二维码或直接点击课程链接等方式打开微课，进行微课的学习。可以为课程点赞打分，在课程下方分享学习心得、记录学习笔记、浏览同学的学习分享、为他人的分享点赞等，如图 3 - 8 - 47 所示。

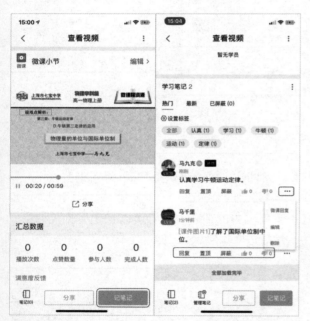

图 3 - 8 - 47

图 3 - 8 - 48

4. 教师查看学习情况

教师可在电脑端和手机端查看课程以及学习数据，包括课程满意度反馈、学生的完成情况、学习参与度等。在"管理发言"中，可以用语音微课回复在发言中提问题的学生，如图 3 - 8 - 48 所示。

九、 使用 UMU 班级

1. 创建班级

（1）在主界面中"我的班级"选项中，"我管理的"界面下，点击"点击创建班级"按钮，输入"班级名称"并设置相关权限，点击"完成"即可保存班级，如图 3 - 8 - 49 所示。

图 3-8-49

（2）进入"班级空间"页面，点击右上角"添加学员"（或"分享班级"）即可为班级添加学生，如图 3-8-50 所示。

图 3-8-50

2. 教师管理班级

（1）确认学生是否已经加入班级。在图 3-8-50 中点击"班级成员"，可以查看自己班级的学生情况。

（2）添加多位老师协同管理班级。在"班级空间"页面中点击右上角的"协同"或者"讲师"栏右侧的"添加"即可添加班级管理者。在"协同成员管理"页面下输入其他老师的 UMU账号，添加后点击"确认"即可完成操作，如图 3-8-51 所示。

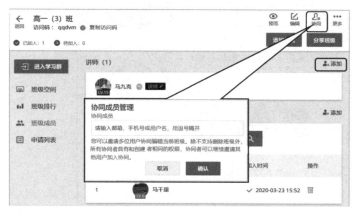

图 3-8-51

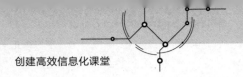

（3）将日常考试、作业、课程发布到班级。

① 在"我的课程"下，进入需要发布的课程目录，点击"分配"，输入班级名称（或直接复制班级的访问码），设置任务完成时间，即可将该课程以学习任务的形式发布到班级。同时每个课程小节也有"分配"功能，可单独将某个小节分配到班级，如图 3-8-52 所示。如果要撤回课程的分配，仍然从"分配"进入，点击"全部撤回"即可。

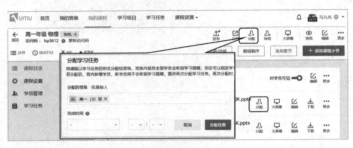

图 3-8-52

② 在"我的班级"的"班级空间"下展示了发布到班级的全部任务，支持分类查看任务，包含通知、小节、课程等。

3. 学生查看班级

学生通过扫描班级二维码、点击链接等方式可直接进入"班级空间"界面，或者登录"UMU 互动"App，在首页点击"班级"，在"我加入的"的列表下选择对应班级，即可进入"班级空间"界面。在"学习任务"列表下，学生可以看到老师发布的全部学习任务，以及每个学习任务的完成进度，如图 3-8-53 所示。

图 3-8-53

十、签到及大屏幕应用

UMU 支持通过扫描大屏幕二维码实现快速电子签到，同时可以实现系统作弊识别与更多信息的收集及下载。

1. 创建签到课程小节

（1）添加"签到"。在"我的课程"中，选择需要应用"签到"的课程进入"课程目录"界面，点击界面右上角"添加课程小节"，选择添加"签到"，如图 3-8-54 所示。

图 3-8-54

（2）设置签到项目。输入签到标题，填写"签到说明"，点击"签到设置"，可以设置"审核方式"，或是否开启防作弊模式以及选择是否"使用微信小程序签到"等，如图 3-8-55 所示。

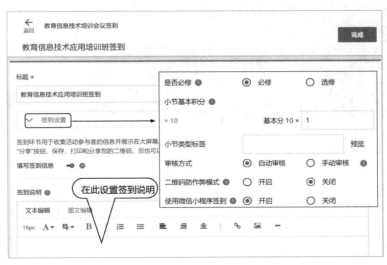

图 3-8-55

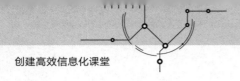

2. 在大屏幕上展示签到二维码

（1）签到设置好后，在签到课程小节的右端点击"大屏幕"，如图3-8-56所示。

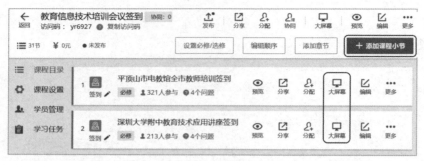

图3-8-56

（2）随后，屏幕上出现每秒变化一次的二维码，如图3-8-57所示。

图3-8-57

图3-8-58

可使用"UMU互动"App或者"UMU签到"微信小程序扫码签到。使用微信扫屏幕二维码签到后，提示"授权地理位置"和提供现场签到照片，如图3-8-58所示。

3. 签到审核及数据统计

（1）签到审核。点击签到的课程小节，在下面可以看到系统已确认的签到名单，也可审核确认或拒绝系统没有确认的签到名单，如图3-8-59所示。

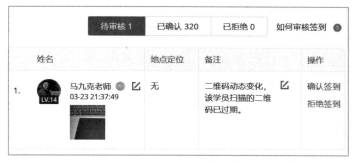

图 3-8-59

（2）下载签到数据。在图 3-8-60 所示界面点击"更多"，可以将签到的数据下载为 Excel 文件形式。如果常常使用该签到小节，可以选择将其"添加至模板"，支持随时在"我的模板"中调用该签到。

图 3-8-60

第四单元

手机电脑互联
助力高效办公

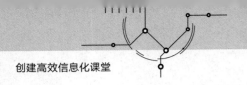

使用最普遍、操作最简单、功能最强大的信息技术工具首推手机。几乎人人都有手机，并且多数人拥有智能手机，但是大多使用智能手机的用户无法让智能手机真正智能起来。目前手机的功能已经足够强大，电脑能解决的问题，手机基本都能解决（只是屏幕小点而已），有些电脑不能解决的问题，手机也可以解决。手机真是"万能"啊！如果手机与电脑联动起来，不仅可以解决很多生活中的问题，还能助力实现高效移动办公。

本单元从教育教学的工作实际出发，介绍了如下内容：首先从文档的处理方面入手，介绍了手机可以充当扫描仪，能快速地把纸质文档扫描为电子文档，方便保存和发送。功能强大的 WPS 软件不仅可以编辑、保存和分享文档，而且可以快速实现 Word 和 PDF 文档的相互转换。利用手机 App 或微信小程序，可以快速提取纸质文档中的文字供编辑使用。用户量多且功能强大的百度网盘，不仅能提供大空间以存储文件，还能通过手机客户端与微信联合，实现文档的"秒传"，并且使用方便，直接复制链接后转存即可，极大地提高了大文件的传输效率。除了使用第二单元介绍的录屏软件录制微课程视频，利用手机也可以快速制作出适合在手机上观看的手机微课程视频。在本单元第七课中，不仅介绍了思维导图的制作和疑难试题的解答方法，还介绍了能够提高手机文字输入效率的讯飞输入法。人人都在使用的微信，其功能不仅限于聊天交友，它与 WPS 和百度网盘三者联合起来，可以使文档的传输、编辑和存储合为一体，让移动办公更加高效。希沃授课助手实现了手机与电脑间的稳定双向交互，既可以把手机屏幕投射到电脑上，也可以利用手机播放电脑中的 PowerPoint 课件，还能用手机代替鼠标操控电脑。在本单元的最后，介绍了多种手机投屏方法供大家选用，并介绍了投屏演示时的常用工具——LED 翻页笔。

掌握本单元介绍的各种工具及众多应用技能，能轻松实现移动办公，并且极大地提高移动办公的效率。

纸质文档扫描

第一课

手机 App 可以把纸质文件扫描成电子版文档，扫描全能王和口袋扫描仪都是不错的手机扫描类 App，如图 4-1-1 所示。下面主要介绍扫描全能王的应用。

在手机应用商店中直接搜索扫描全能王 App 并下载安装，它强大的扫描功能基本上可以替代扫描仪，还可以校正图片，并把扫描件作为图片保存，还能直接把扫描文档发送到电脑上。

图 4-1-1

一、 扫描文档

1. 主界面工具

主界面左边是自建的标签，可以看作文档的分类。上面的四个按钮分别是新建文件夹、文件排序、切换显示方式以及选中按钮，最上方是搜索框，如图 4-1-2 所示。点击照相机图标，进入拍摄界面，有"单张拍摄"、"连续拍摄"及"证件"等多种拍摄模式供选择，也可以点击右下角的图片图标，从相册中导入图片。点击上方的 HD 图标，可以设置图片的清晰度，如图 4-1-3 所示。

图 4-1-2

图 4-1-3

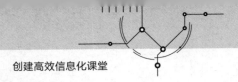

2. 图片的扫描

拍照后的图片周围出现图片区域选择操作小圆圈和矩形柄,分别移动上、下、左、右四个矩形柄,可以水平竖直调整选择的区域,调节四周边界的小圆圈,可以自定义选中的区域,如图4-1-4所示。点击"→"按钮后,照片自动处理为扫描文档(可以选择画面的亮暗)。点击下方的"识别"按钮,可以直接提取文字;点击下方的"微调"按钮,可以调节亮度;点击"√"后,完成扫描,如图4-1-5所示。

图4-1-4

图4-1-5

3. 保存图片

点击"√"得到扫描文档后,点击"添加",可以继续拍照或导入相册中的图片,如图4-1-6所示。点击"更多",选择"保存至相册",可以把扫描的文档作为图片保存到手机相册中,如图4-1-7所示。点击"文档属性",可以对文档进行重命名等操作。

二、 整理文档

1. 复制移动文件

在图4-1-2主界面右上角点击选中按钮,选中扫描的文件,下面有多个工具按钮,可以复制或移动文件,也可以合并文件。如果点击某一个扫描文件,文件中有多个扫描件,点击右上角的选中按钮,下面也有多个工具按钮供选择,可以进行"复制"或"删除"等操作,如图4-1-8所示。图4-1-9所示是添加文件夹后复制过来的扫描件。

图 4-1-6

图 4-1-7

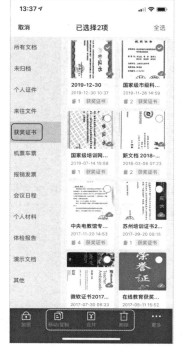

图 4-1-8

图 4-1-9

2. 后台及应用标签

在图 4-1-2 主界面右下角点击"我",进入后台,可以进行多种设置,如图 4-1-10 所示。点击左下角"文档",再点击最上方"所有文档",即可进入标签管理界面,如图 4-1-11 所示。点击"添加新的标签"可新增标签;点击右上角"编辑",可以对标签项进行删除和位置的移动等操作。

图 4-1-10

图 4-1-11

三、校正图片

该软件的特殊功能之一是校正图片。如导入一个拍摄倾斜的 PowerPoint 报告页面,调整周围边框的位置,点击"→"按钮后,图片会立即被校正,如图 4-1-12 所示。点击"识别"按钮可以提取图片中的文字。

四、口袋扫描仪

口袋扫描仪 App 也是不错的文档扫描工具。

图 4 - 1 - 12

1. 扫描文档

打开口袋扫描仪,直接点击下面的加号,对准待扫描的文档,默认自动拍照,点击一下,可以退出自动拍照功能,如图 4 - 1 - 13 所示。点击右下角的图片插入按钮,可以把手机中

图 4 - 1 - 13

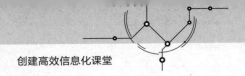

的图片导入其中。

2. 图片的导出

　　文档扫描完成后下方有多个操作工具供选择，点击"文字识别"，可以提取图片中的文字。点击右上角的"下一步"，可以导出为"图片"或"PDF"文档，图片可以保存在手机相册中，如图 4 - 1 - 14 所示。

图 4 - 1 - 14

编辑处理文档

第二课

WPS，如图 4‑2‑1 所示，是手机必备的文档阅读和编辑工具，功能强大，可以对 Word、Excel、PowerPoint 等文件编辑后再通过微信分享给好友。通常的使用情境有以下三种：在 WPS 中自建文档；由于微信中收到的 Word 等文档不能显示完整的格式，需要借助 WPS 进行查看或编辑，再分享给微信好友；将百度网盘中的文档导入 WPS，编辑后再存入网盘中，或通过微信分享。

图 4‑2‑1

一、 WPS 中的文档

1. 自建文档

如果需要在手机上创建文档，打开 WPS，点击右下角的圆形加号按钮，可以创建不同的文档，如点击"文字"按钮可创建文字文档，可以使用模板，也可以直接建立空白文档，如图 4‑2‑2 所示。创建后可进行文档的编辑。

图 4‑2‑2

2. 微信中文档的导入

（1）在微信中浏览 Word（或 Excel、PowerPoint 等）文档时常常遇到无法显示完整格式的情况，如不显示表格线等，此时需要在 WPS 中打开或编辑文档。在微信中打开文档后，点击右上角的三个小点，再点击"用其他应用打开"，选择"拷贝到'WPS Office'"，如图 4-2-3 所示，即可在 WPS 中打开。

图 4-2-3

（2）在 WPS 中显示的文档有较完整的格式，点击左下角的"工具"，有众多工具供选用，如图 4-2-4 所示。

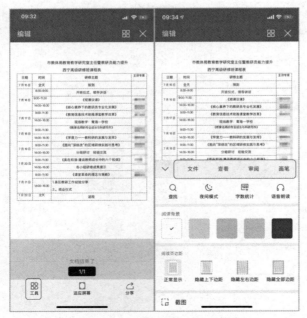

图 4-2-4

3. 百度网盘文档的导入

百度网盘中的文档要在 WPS 中打开，一般需要先下载再导入 WPS 中。

（1）在百度网盘中选中文档，点击"下载"，文档下载完成后打开"下载列表"，点击下载的某一文档，打开该文档。文档打开后，再选择左下角的"打开"，点击"其他应用打开"，如图 4-2-5 所示。

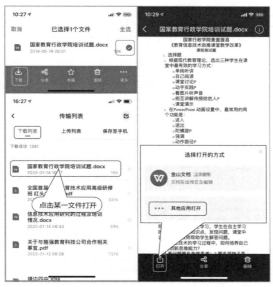

图 4-2-5

（2）点击"其他应用打开"后，如果选择"拷贝到'WPS Office'"，可以在 WPS 中看到格式完整的文档，点击界面上、下的工具选项，可以在 WPS 中进行相应的操作，如图 4-2-6 所示；如果选择"微信"，可以把百度网盘中的文档发送给微信好友。

图 4-2-6

二、 文档的编辑

WPS 中有众多文档编辑工具，可以对文档进行编辑。

在图 4-2-6（右图）中，点击左上角的"编辑"，进入文档的编辑状态，下面有众多文档的编辑工具，点击左下角的图标，在"开始"选项的下面，可以设置字号、字体、文字的颜色、行间距以及缩进、项目编号等，编辑完成后点击左上角的"完成"即可，如图 4-2-7 所示。像在电脑中编辑文档一样，要在文档中先选中再进行操作。

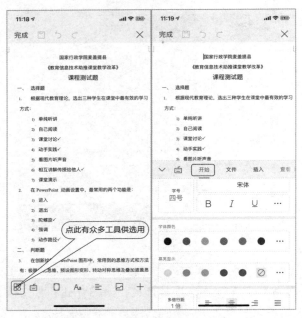

图 4-2-7

三、 文档的保存和分享

文档编辑后可以保存在 WPS 的网盘中，并可以通过微信和百度网盘进行分享。

1. 文档保存

文档编辑后，直接点击左上角的保存按钮即可保存，或者在图 4-2-7（左图）中点击左下角的图标，在"文件"选项中点击"另存为"，可以更改文件的"保存路径"，还可"新建文件夹"，如图 4-2-8 所示。如果在图 4-2-8（左图）中点击"输出为 PDF"，则原来的 Word 文档将被转换为 PDF 文档保存在 WPS 的网盘中。如果点击"输出为长图"，则原来的 Word 文档将以扩展名为"jpg"的图片格式保存在 WPS 的网盘中。

2. 微信分享

WPS 支持把编辑好的 Word 文件更改为 PDF 格式后分享给微信朋友。

图 4-2-8

（1）在图 4-2-8（左图）中点击"分享与发送"。可以选择"以文档分享"、"以 PDF 分享"或"以图片发送"等，如图 4-2-9 所示。也可以点击"多人编辑"，让好友共同参与文档编辑。

图 4-2-9

（2）选择"以文档分享"或者"以 PDF 分享"，都会出现如图 4–2–10（左图）所示的界面，选择"微信"可以发送给微信朋友，如图 4–2–10（右图）所示。利用这种方法可以把微信中的 Word 文档在 WPS 中打开后，立即转换为 PDF 文档并通过微信发送给好友。

图 4–2–10

3. 转存到百度网盘中

如果在图 4–2–10（左图）中点击"拷贝到'百度网盘'"，则会自动打开百度网盘 App，在百度网盘中选择文件夹后，可以把 WPS 中的文档上传到百度网盘中。

四、 Word 与 PDF 文档的相互转换

利用 WPS 可以方便地把 Word 文档转换为 PDF 文档，也可以把 PDF 文档转换为 Word 文档。

1. Word 文档转换为 PDF 文档

（1）Word 文档转换为 PDF 文档并通过微信发送给好友，其方法如图 4–2–10 所示。

（2）Word 文档转换为 PDF 文档保存在 WPS 网盘中，其方法如图 4–2–8 所示。点击"输出为 PDF"，则原来的 Word 文档将被转换为 PDF 文档保存在 WPS 的网盘中。

2. PDF 转换为 Word 文档

（1）打开一个 PDF 文档（或将微信中的 PDF 文档在 WPS 中打开），PDF 文档界面背景为红色，点击"PDF 转换"，然后选择"PDF 转 Word"，如图 4–2–11 所示。

图 4-2-11

（2）点击"开始转换"，即可转换成背景为蓝色的 Word 文档，如图 4-2-12 所示。右上角的数字表示有几个文档被打开。

图 4-2-12

五、 远程上课功能

学生远程上课，实质为参加远程在线会议，手机屏幕会同步播放 PowerPoint、Word 以及 PDF 等文档并可以讨论发言。

1. 发起会议

有不同的方法发起会议。

（1）从主界面发起会议。在主界面点击"应用"，上滑界面选择"会议"，在"WPS 会议"界面，点击"发起会议"，如图 4-2-13 所示。可以邀请好友参会，并打开会议使用的文档。

图 4-2-13

（2）从某一文档中发起会议。打开某一文档，即出现邀请参会的多种方式，如微信、QQ、二维码等。点击界面可以看到主持会议的多种操作工具，如图 4-2-14 所示。

2. 加入会议

有多种加入会议的方式。

（1）扫描邀请方分享的二维码即可加入会议。

（2）收到邀请方发送的微信后，打开即可加入会议。

图 4 - 2 - 14

（3）在图 4‑2‑13（右图）下面点击"加入会议"，既可扫描二维码加入，也可以输入加入码加入。

3. 开会中

在开会状态下，所有参会者都会看到相同的界面，主持会议者可以点击"听众禁言"或"关闭通话"，点击上面的"播放其它文档"，可以打开其他文档如 PowerPoint 文档进行播放，如图 4‑2‑15 所示，还可以在 PowerPoint 文档播放过程中添加标注。

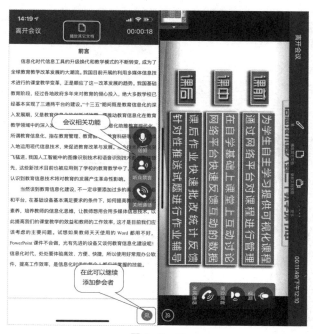

图 4 - 2 - 15

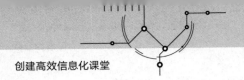

六、 录制微课视频

在 WPS 中可以直接把 PowerPoint 文档（或 Word 文档等）录制成微课视频。录制的内容包括声音、标注等，然后生成 MP4 视频文件。

1. 进入录制状态

进入录制状态有两种路径。

（1）在图 4-2-13（左图）下面点击"录制文档视频"，进入"录制文档视频"的选择界面，在此可以看到最近录制的文档，选择需要录制的文档打开即可，如图 4-2-16 所示。

图 4-2-16

（2）通过文档进入。在 WPS 中打开某一 PowerPoint 文档，点击右上角由四个小方块组成的应用图标，在应用选择界面点击"录制文档视频"，如图 4-2-17 所示，即进入文档的录制界面。

图 4 - 2 - 17

2. 录制的过程

进入录制状态后，手指滑动可以翻页，点击一下，上面出现"墨迹"按钮，可以添加标注，此时点击左右两侧控制前进或后退的箭头可以翻页。点击右上角的"暂停录制"按钮，可以保存文档或继续录制，如图 4 - 2 - 18 所示。文档会以 MP4 视频格式保存。

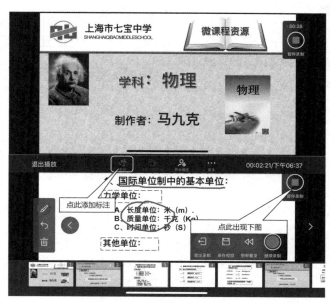

图 4 - 2 - 18

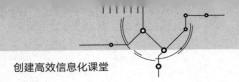

3. 分享视频文件

在图 4 - 2 - 16(左图)界面中将某一文件向左滑动,点击"分享",可进入分享选择界面。

(1)通过微信分享。可以利用微信直接分享给好友。由于微信的压缩,文件会变小,虽然在手机上观看清晰度尚可,但在电脑上播放清晰度不够。

(2)上传到百度网盘。点击"拷贝到'百度网盘'",可以保存文件至百度网盘,再下载到电脑中,清晰度很高,如图 4 - 2 - 19 所示。一般视频或图片文件,最好直接传输到网盘,再通过微信转发,可避免因微信压缩导致的文件清晰度降低。

图 4 - 2 - 19

七、 更多实用功能

打开任意文档,点击右上角的应用工具按钮,可以看到很多应用。不同格式的文档应用个数是不同的。

1. 多个功能

如打开 PDF 文档,点击文档右上角(如图 4 - 2 - 11(左图))应用工具按钮,在"应用"界面有众多工具,点击"提取文字",选取需提取文字的页面,即可把 PDF 文档中的文字提取出来,可以"复制"这些文档,也可以直接导出至 Word 文档,如图 4 - 2 - 20 所示。

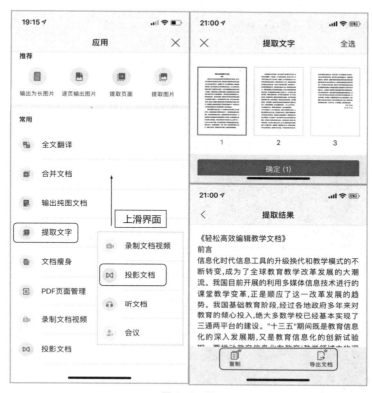

图 4 - 2 - 20

2. 文档投屏

文档打开后在应用中都有一个"投影文档"工具，如图 4 - 2 - 20（左图）所示，点击"投影文档"，可以把文档投屏到电脑或其他屏幕上。投屏的操作方法会在本单元第十课中详细介绍。

八、WPS 与多个金山产品互联互通

WPS 的手机 App 与微信公众号的"WPS 办公助手"、微信小程序"金山文档"以及电脑上的办公软件 WPS 都可互相连通，只要使用同一个账号登录，都可以看到 WPS 云端存储的文档。

1. 金山文档

在微信中搜索公众号"WPS 办公助手"，点击左下角的"我的文档"，再点击"全部文档"，打开微信小程序"金山文档"，主界面"首页"选项中的内容与 WPS 的手机 App 显示的内容相同，如图 4 - 2 - 21 所示。点击"文档"选项，可以看到 WPS 云端的文件和文件夹，点击加

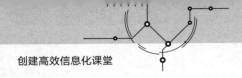

号图标可以创建文档。点击"应用",有更多的工具供选择。金山文档是微信小程序,因此也可以直接从微信小程序界面中打开金山文档。

图 4 - 2 - 21

2. 手机与电脑互联

在电脑上安装高版本的 WPS 办公程序(WPS2019),就会自动安装 WPS 办公助手和 WPS 网盘,目前 WPS 网盘和 WPS 办公程序(WPS2019)是捆绑在一起使用的。

(1)在桌面上打开 WPS2019 办公程序,新版的 WPS 把 Word、Excel、PowerPoint 以及 PDF 等众多操作功能都集合在一起了。在"电脑"中可以看到 WPS 网盘图标,在电脑右下角点击小菜单,可以打开 WPS 助手,如图 4 - 2 - 22 所示。

图 4 - 2 - 22

（2）WPS办公助手。在 WPS 办公助手中可以打开"最近文档"，可以在"私密文件夹"中存储自己的文件，可以自动接收微信和 QQ 中的文件，还可以打开"WPS 网盘"，如图 4‑2‑23 所示。

图 4‑2‑23

（3）WPS 网盘。打开 WPS 网盘，在此可以查看"我的云文档"，或者"添加同步文件夹"，实现编辑的文档自动同步，如图 4‑2‑24 所示。

图 4‑2‑24

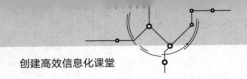

图片文字提取

第三课

一、用微信小程序提取文字

在微信中有众多提取文字的小程序。下面介绍两个常用的文字提取小程序。

1. 图片文字识别小程序

在微信的"发现"菜单中点击"小程序",然后在搜索框中输入"图片文字识别",找到如图4-3-1所示的"图片文字识别"小程序,点击打开。

图 4 - 3 - 1

（1）识别文字。

① 在图片文字识别主界面下面有众多工具可供选择。点击"相册"（或"拍照"）,选择手机中有文字的图片,点击"完成"即可把图片中的文字提出来。如果点击"编辑",如图4-3-2所示,则可以对图片进行剪裁、旋转等编辑。

②选择需提取文字的部分。点击"编辑"后,下面有多个编辑工具,点击右下角的剪裁工具按钮,用鼠标拖动图片四角处的剪裁柄,可以选择图片上的部分文字,点击右下角的"√"图标即可完成,如图4-3-3所示。

图 4-3-2

图 4-3-3

③ 行与行相连接。提取的文字行与行间是分开的，点击上方的"去除换行"即可将各行的文字相连接；点击"复制"即可将所有文字粘贴到微信及其他文档的编辑处；点击"百宝箱"有更多功能供选择，如图 4-3-4 所示。

（2）其他应用。

① 在图 4-3-2 主界面下面点击"中英文"菜单，可以查看众多"识别类型"。在主界面上，或者在"图片文字识别"界面点击"设置"，可以看到网页版的网址，如图 4-3-5 所示。

图 4-3-4

图 4-3-5

② 与电脑互联。在浏览器中输入网址 ocr.binzc.com，点击回车后用微信扫描二维码，电脑版和微信"图片文字识别"小程序即建立了联接关系。在电脑上可以看到手机中的文字"识别记录"。在浏览器页面上点击"删除记录"可以删除某条记录，下面的工具还可以提取PDF文件上的文字和长图上的文字，如图4-3-6所示。

图4-3-6

2. 用扫描全能王提取文字

在微信中搜索"扫描全能王"小程序，使用它也可以非常方便地提取图片上的文字。打开扫描全能王小程序，可以看到多个应用工具，但点击这些工具时，都要求再打开相应的小程序。常用工具有"手机扫描仪"和"图片转文字"，打开"图片转文字"小程序，可以"拍照"或者"选图"，然后提取图片中的文字，如图4-3-7所示。

图4-3-7

二、 用手机 App 提取文字

1. 用扫描全能王提取文字

前面介绍的扫描全能王，不仅可以方便地扫描文档，也可以直接提取文字，操作方法参见图 4-1-5 所示。

2. 用口袋扫描仪提取文字

口袋扫描仪不仅可以扫描文档，也可以方便地提取图片中的文字，操作方法参见图 4-1-14 所示。

三、 用读书笔记提取文字

图 4-3-8

读书笔记 App 图标如图 4-3-8 所示。此 App 主要功能是记录读书的心得体会，也可以利用其提取图片中的文字。

1. 拍照或导入图片

在主界面右上角点击获取图片按钮后，选择"从相册识别文字"（或选择"拍照识别文字"），选择一张手机中的图片文档，如图 4-3-9 所示。

图 4-3-9

2. 提取选中的文字并复制

　　用手指在图片上画出提取文字的区域，在下面点击"识别"，选中区域的文字即被提取出来，再点击"复制上述文字"，即可把文字复制到剪贴板，如图 4-3-10 所示。

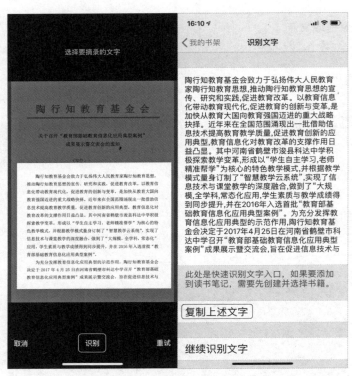

图 4-3-10

四、利用 QQ 提取文字

1. 插入图片

　　给自己的 QQ 发送一张文字图片，再点击该图片使其全屏显示，在图片显示页面点击右上角的三个小点，然后点击"提取文字"，如图 4-3-11 所示。

2. 提取文字

　　点击"提取文字"后，点击选中需要提取的文字，再点击"复制选中"，即复制了选中的文字，如果点击"提取选中"，可以提取文字后再"复制"，如图 4-3-12 所示。

图 4 – 3 – 11

图 4 – 3 – 12

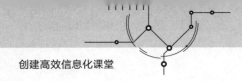

第四课 百度网盘的应用

目前网盘很多，但较流行的、用户较多的是百度网盘。用户可以把自己的文件存放在网盘上，即实现文件的云端存储。原来电脑中的文件可以删除，如果需要该文件，重新从网盘下载即可使用。网盘相当于一个存放文件的大文件柜。

打开百度网盘官网（https://pan.baidu.com），如果已经注册有百度账号，在手机端的百度网盘 App 上扫描二维码即可登录，如图 4-4-1 所示。如果没有账号，点击"立即注册"，输入用户名、电话号码和密码，完成注册。

图 4-4-1

在电脑上下载"百度网盘客户端"（下载地址 https://pan.baidu.com/download/），注册后登录，可以看到百度网盘客户端的界面，默认进入"我的网盘"，显示的是云端的全部文件夹和文件，看到的这些文件或文件夹，基本上不占用电脑空间，只供浏览，下载后方可在电脑中编辑使用。在左边工具栏中可以选择浏览不同格式的文件，如浏览"图片"、"文档"等；在右上角的搜索框中输入关键词，可以对云端的所有文件和文件夹进行搜索；选中某一个或多个文件或文件夹后，可使用上面工具栏中不同的操作选项对其进行操作，如图 4-4-2 所示，也可以右击鼠标后选择所需操作。

一、 文件的上传和下载

1. 文件的上传

有多种方法可以把电脑中的文件上传到云端。

图 4 - 4 - 2

（1）利用上传工具。在图 4 - 4 - 2 所示界面中，打开网盘客户端中的某一个文件夹，点击"上传"，选择自己电脑中需要上传的文件或文件夹后，点击"存入百度网盘"即可。

（2）直接复制。选中电脑中的某一个文件或文件夹，复制后直接在百度网盘的某一文件夹中粘贴即可。

（3）直接拖拽。在网盘客户端打开某一个文件夹，选中电脑中的某一个文件或文件夹后，直接拖拽到百度网盘的这个文件夹中。

2. 文件的下载

（1）文件下载。选中某一个文件或文件夹，点击工具栏中的"下载"，或者右击鼠标，选择"下载"，即可进入文件的下载状态，如图 4 - 4 - 3 所示。

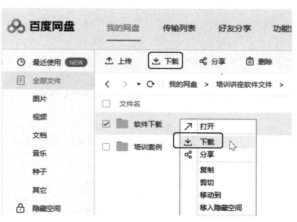

图 4 - 4 - 3

（2）下载文件的位置。点击"传输列表"，在界面左侧可以看到"正在上传"、"正在下载"以及"传输完成"，在"传输完成"选项卡中，既显示下载的文件，也显示上传的文件。在下载的文件上右击鼠标，可以"打开所在文件夹"在电脑中找到该文件，也可以清除该记录，每条记录的

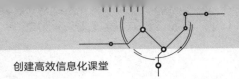

右边都有三个按钮，分别是"打开文件"、"打开所在文件夹"和"清除记录"，如图4-4-4所示。如果是上传的文件，点击"打开所在文件夹"，则会打开该文件所在百度网盘中的文件夹。

图4-4-4

（3）更改下载文件的位置。在图4-4-4中的右上角点击设置图标，然后再点击"设置"，在"设置"对话框中的"传输"选项卡中，点击"浏览"可以更改文件的下载位置，如图4-4-5所示。

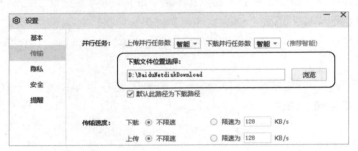

图4-4-5

二、文件的分享

百度网盘的重要功能是分享文件，即把自己网盘中的文件通过发送链接等方式传输给好友。通过百度网盘，数十吉字节（GigaByte，GB）大小的文件也可以很快传送给好友。选中某一个文件或文件夹，右击鼠标，点击"分享"，或者将光标置于某一个文件或者文件夹，右边出现三个小图标，如图4-4-6所示，分别是分享、下载和删除，此时选中分享图标或点击上面的"分享"按钮，都可以进入分享的设置状态。

图4-4-6

1. 私密链接分享

（1）在"私密链接分享"选项卡中，默认"有提取码"（即加密），这样更加安全更加私密，在此选项卡中可选择分享的"有效期"，然后点击"创建链接"，如图 4-4-7 所示。

图 4-4-7

（2）点击"创建链接"后，进入如图 4-4-8 所示的界面，点击"复制链接及提取码"，链接的网址和密码都被复制到剪贴板上，可以将其粘贴到任意位置，如可通过微信发送给好友。也可以复制二维码，将二维码粘贴到其他位置，如 Word 或 PowerPoint 文档中。

图 4-4-8

2. 直接分享给好友

如果朋友有百度网盘，并且已经互相加为好友，可以直接将文件分享给好友，这种方法更加快捷方便。

（1）在"发给好友"选项卡中，可以直接选择好友，将文件直接分享到该好友的百度网盘中，如图 4-4-9 所示。

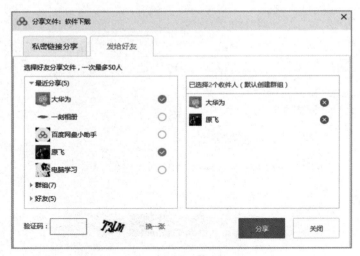

图 4-4-9

（2）在百度网盘主界面的上面点击"好友分享"，选中左边某一选项卡，并选择某好友，可以直接把文件或文件夹分享给好友，如图 4-4-10 所示。

图 4-4-10

三、 文件的复制和移动

1. 复制文件

网盘中的文件可以复制到网盘的其他文件夹中，选中某一个文件，在图 4-4-6 中，点击"复制"，在网盘的某一个文件夹中，右击鼠标选择"粘贴"，或者直接在该文件夹中，按下 Ctrl+ V 即可。

2. 移动文件选中文件

在图4-4-6中点击"移动到"，选择网盘中的某一个文件夹，即完成了文件的移动。

四、 文件自动备份

所谓自动备份指的是：电脑中的某些文件夹如果设置了自动备份功能，在此文件夹中的文件可以自动上传到网盘。备份文件夹的功能是：电脑中备份文件夹中添加的文件会自动上传到网盘，如果文件修改了，会自动上传备份更新；电脑中备份文件夹中文件删除了，网盘中的文件不会被删除；网盘中该文件夹中的文件删除了，电脑中备份文件夹中的文件不会被删除。注册用户每月可以免费备份2G文件，可以开通5个备份文件夹。

1. 建立自动备份文件夹

（1）在百度网盘客户端上边点击"功能宝箱"，点击"自动备份"，如图4-4-11所示。

图4-4-11

（2）首次使用会出现功能介绍界面，在该界面上点击"手动添加文件夹"，如图4-4-12

图4-4-12

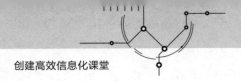

所示。

（3）在电脑中选中准备备份的文件夹（预先设置好），点击"备份到云端"即可，如图 4-4-13 所示。

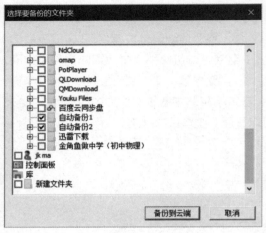

图 4-4-13

图 4-4-14

（4）在网盘中选中某一准备放置备份文件的文件夹，点击"确定"即可，如图 4-4-14 所示。

2. 通过网盘客户端查看备份文件

打开百度网盘，找到备份的文件夹，可以查看文件夹中的文件，如图 4-4-15 所示。

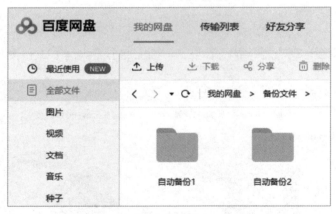

图 4-4-15

3. 备份文件夹的管理

添加了备份文件夹后，在图 4-4-11 中再点击"自动备份"，则将打开如图 4-4-16 所示的界面。在此可以继续添加备份文件夹、修改备份文件夹在网盘中的位置，或者取消备份。取消备份只是取消了电脑中原来的备份文件与网盘文件间的联系，电脑中和网盘中的原有文件仍然存在。

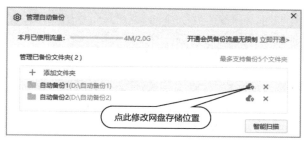

图 4 - 4 - 16

五、 百度网盘网页版

在百度网盘客户端界面的左边点击"回收站"，直接进入网页版的回收站中。再点击左边相关选项，可分别访问"图片"、"文档"、"视频"等，如图 4 - 4 - 17 所示。此界面与电脑客户端基本相同，只是网页版多了个"回收站"功能，同时对图片的查找更便捷。点击左边的"图片"进入选项卡，上面有"时光轴"、"智能分类"和"最近上传"三个选项，在"时光轴"中可以根据时间查找图片，在"智能分类"中可以根据"人物"、"地点"、"事物"等来查找图片。

图 4 - 4 - 17

第五课 手机百度网盘

在手机上下载安装"百度网盘"App 后登录，在主界面底部可以看到五个选项卡，"首页"中显示了网盘中文件的分类，点击"更多"，可以看到各分类的项目。如点击"相册"，可以查看网盘中的图片文件，并可以选择"时光轴"、"智能分类"等进行图片查找。"文件"中可以看到网盘内的所有文件。这些文件如果不下载，几乎不占用手机空间，如图 4-5-1 所示。点击界面右上角的上下两个箭头图标，可以查看通过手机上传或者下载的文件列表。

图 4-5-1

一、 文件的下载和分享

1. 文件的下载

可以把网盘中的文件或文件夹下载到手机中。先选中文件夹或文件，点击下面的"下载"，即可把网盘中的文件下载到手机中，在"传输列表"的"下载列表"选项中，可以看到下载的文件，如图 4-5-2 所示。下载的文件将占用手机的空间。

2. 文件的打开和分享

（1）当点击下载文件的右边小圆圈选中文件时，可以"删除"下载的文件（文件删除后不

图 4 - 5 - 2

再占用手机空间），如果在中间点击一下下载的文件，则会打开该文件，网盘中打开的文件格式不规范，点击左下角的"打开方式"，可以选择"其他应用打开"，如图 4 - 5 - 3 所示。点击

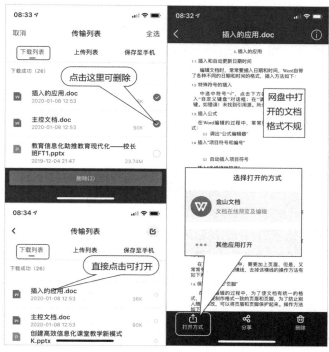

图 4 - 5 - 3

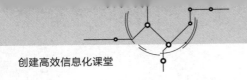
下方工具栏中对应的图标还可以进行"分享"或"删除"的操作。

（2）在图4-5-3中选择"其他应用打开"后，点击"微信"，则可将该文件以常规的Word格式（或者 PowerPoint 文件格式）发送给微信朋友，如图4-5-4所示。这种通过微信直接发送的方法适合分享较小的文件。如果点击"拷贝到'WPS Office'"，则会在 WPS 中打开该文件（在 WPS 中打开才可以显示较完整的文档格式），也可以"拷贝到'Word'"中用 Word 程序打开该文件。在 WPS 或者 Word 程序中打开的文件可以进行编辑等操作。

图4-5-4

3. 大文件的分享

上面通过微信直接发送原格式文档的分享方法适合于较小的文件。对于数十吉字节（GB）的较大文件，可以利用微信传递文件下载链接的方式，让好友通过链接下载，如果双方都有百度网盘，可通过网盘快速分享。

（1）选中文件或者文件夹并点击下面的"分享"后（参见图4-5-2（左图）），有多种分享方式供选择。在如图4-5-5左图所示的界面中，可以设置文件分享有效期。点击"微信"，可以把该文件分享（即发送）给微信朋友；点击"网盘好友"，可直接把该文件分享到朋友的百度网盘中，这两种方式都要求好友有百度网盘。最简单也较常用的方式是"复制私密链接"，可以把该文件的下载链接复制粘贴到任意地方，如可以把该链接通过微信发送给好友，如图4-5-5（右图）所示。这段文字在复制粘贴时，只要不更改链接和提取码，其他文字内容均可以更改。

（2）好友收到微信发来的链接后，如果好友没有百度网盘，可以通过微信网页版或微信客户端把这段文字传输到电脑上，在电脑网页上打开链接，输入提取码即可下载文件。如果

图 4 - 5 - 5

好友有百度网盘，可使用下述方法直接转存文件。

① 收到这段文字后，轻点选中这段文字（不需要记提取码），然后点击"复制"，再打开百度网盘，立即呈现"查看复制的分享链接（私密）"，点击"立即查看"，如图 4 - 5 - 6 所示。

图 4 - 5 - 6

② 点击"立即查看"后，点击左下角的"转存"，默认保存在上次使用的文件夹中，如保存在名为"电脑复制文件"的文件夹中，点击"保存"即可。如果点击"电脑复制文件"文件夹，可以在此文件夹内"新建文件夹"，或者点击左上角的退回按钮，重新选择文件夹，如图4-5-7所示。

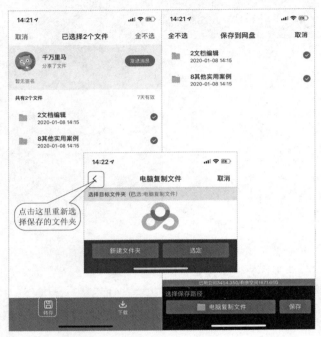

图4-5-7

4. 更多分享方法

手机百度网盘的重要功能是分享文件。分享的渠道很多，通过手机微信和网盘分享文件，只要不将文件下载到手机中，都几乎不会占用手机空间，因为只是分享下载链接。

（1）通过好友和群分享文件。通过百度网盘中的好友和群分享文件夹或文件是最快捷的文件分享方法。需要先添加对方为百度网盘好友，或先建群，再进行分享，与微信中把文件分享给好友或群的方法类同。

① 添加好友和群组。点击主界面下方的"共享"，可以查看好友发来的消息。点击右上角的小人图标，可以查看"百度网盘好友"，还可以通过"手机联系人"主动添加好友。点击加号图标，打开菜单中的"扫一扫"，可以通过扫描朋友的百度网盘二维码添加好友；点击"我的二维码"，可以向朋友发送二维码，对方扫描后即可加为好友；点击"加好友/群"，可以通过朋友的百度网盘账号，或者邮箱、电话号码等添加好友。在"加好友/群"的界面中点击"添加通讯录好友"，可主动添加通讯录中注册有百度网盘的好友，如图4-5-8所示。"创建群组"与添加群组的方法与微信操作类同。

② 分享文件。在图4-5-8（左图）的"共享"界面，点击某一好友或群组，在出现的消息框中可以输入文字聊天，点击右上角的"群文件"，可以查看分享的文件和文件夹。点击下面

图 4 - 5 - 8

的"发文件"，可以给好友或群组发送（即分享）文件，在"分享文件"界面，选择网盘中的文件后，点击"分享"即可，如图 4 - 5 - 9 所示。

图 4 - 5 - 9

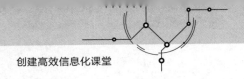

（2）通过文件分享。在网盘中找到文件或文件夹并选中，点击下面的"分享"，如图4-5-5所示，有不同的分享选项。

① 网盘好友直接分享。在图4-5-5（左图）中，点击"网盘好友"，直接进入好友和群组的选择界面，点击某一好友或群，然后点击"确定"，立即分享且进入如图4-5-9（左图）所示的好友或群组的聊天界面。

② 通过微信分享。如果在图4-5-4左图中点击"微信"，即通过微信分享，可以把该文件或文件夹发送给微信朋友。朋友微信中收到的信息如图4-5-10（左图）所示。朋友点击该信息后，打开的是百度网盘小程序，点击"保存到我的网盘"，默认保存在"我的资源"文件夹中，点击"打开App"，则会打开百度网盘App，可以在App中选择文件夹进行保存，如图4-5-10右图所示。这种利用微信分享的方法要求百度网盘与微信关联。

图4-5-10

③ 通过链接分享。如果点击"复制私密链接"，可以把该链接复制到微信等任意地方，如图4-5-5所示。此种分享方法简单实用。

（3）创建无密码的永久分享。在有效期设置中，选择"永久有效"，再点击"生成二维码"，将此二维码分享出去即可，如图4-5-11所示。

图 4－5－11

二、 传输列表

在百度网盘的主界面的右上角点击上下双向箭头，如图 4－5－1 所示。在"传输列表"界面中有三个选项，分别是"下载列表"、"上传列表"和"保存至手机"。

1. 下载列表

"下载列表"中显示的是下载到手机中的文件，下载的文件将占用手机空间，如图 4－5－2（右图）所示。

2. 上传列表

在"上传列表"中，显示的是手机上传到网盘中的文件，在手机上删除这些文件不会影响网盘中的文件。"自动备份"文件夹中保存的是手机自动备份到百度网盘中的照片及视频，点击"自动备份"文件夹，可以看到网盘中的照片及视频文件和文件夹，如图 4－5－12（左图）所示。

3. 保存至手机

"保存至手机"选项卡中显示的是通过手机百度网盘下载保存到手机相册中的图片，在此可以查看图片文件，如图 4－5－12（右图）所示。删除该图片，手机相册中的图片照样存在。

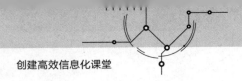

图 4 - 5 - 12

三、共享文件夹

文件的分享是把文件传送给好友，共享是与好友共同打开和查看同一文件夹的内容。一方要先提出共享的邀请，对方通过后即可共享。

1. 邀请好友共享

选中需要共享的文件夹（只能共享文件夹），点击右下角的"更多"，点击"添加共享成员"，然后点击加号选择需共享的好友添加即可，如图 4-5-13 所示。

图 4 - 5 - 13

2. 接受共享邀请

好友收到邀请信息后,在网盘主界面的下面点击"共享",然后点击接收即可。这样,在网盘主界面的"文件"中就会多出一个"共享给我的文件夹",如图4-5-14(左上图)所示,点击即可看到共享的文件夹中的内容。在主界面下面点击"共享",可以看到自己"创建的共享"和"加入的共享",如图4-5-14(左下图)所示。

3. 退出共享

(1)退出加入的共享。点击"加入的共享"(图4-5-14(左下图))后选中共享的文件夹,点击"退出"即可,如图4-5-14(右上图)所示。

(2)取消创建的共享。点击"创建的共享"(图4-5-14(左下图))后选中共享的文件夹,点击"取消共享"即可,如图4-5-14(右下图)所示(图4-5-14为四个界面的拼图)。

图4-5-14

4. 共享时注意

(1)创建共享者可以管理文件夹中的文件(添加或删除),加入共享者不可以删除创建共享者共享在文件夹中的文件,只可以查看或者复制文件到自己网盘中,但自己可以上传文件。加入共享者看到的共享文件夹中的文件不是自己网盘中的文件。

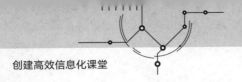
（2）在实际应用中，如注册两个网盘，用两个手机分别登录两个网盘，两个手机拍摄的照片可以自动备份到各自的网盘中。一方将照片文件夹设置为共享，另一方加入共享后不仅可以查看共享文件夹中的照片（或文件），还可以利用手机（或网页版）快速地把共享文件夹中的照片（或文件）根据不同的手机和版本界面或复制、或移动（或直接保存到网盘）到自己的网盘中。

（3）客户端中不显示共享文件夹，常可通过网页版创建共享文件夹，下载或复制"共享给我的文件夹"中的文件。

四、文件快捷收发及其他

利用传输助手，可以便捷地收集多位好友的文件，或把文件发送给多位好友，如可以快捷方便地收集学生作业。在百度网盘主界面的"首页"，点击"传输助手"（或在图 4‑5‑14（左下图）中点击"传输助手"），可以分别进行"收文件"和"发文件"等操作，实现批量收集、云端秒传，如图 4‑5‑15 所示。

图 4‑5‑15

1. 收文件

即收取多个好友的文件。在图 4‑5‑15 右图中点击"收文件"后，即显示出"面对面传文件"的二维码,扫描二维码即可传输文件。点击"向好友发起收集",既可选择"生成二维码",也可选择"生成口令",或直接利用微信发送收集任务。在发起收集界面,不仅可以修改收集文件任务名称,还可以设置"有效期"和"人数上限"等,如图4-5-16所示。

图4-5-16

图4-5-17

2. 发文件

（1）扫描对方的二维码即可发送文件。

（2）如果对方在图4-5-16中点击"生成口令",通过微信把口令发过来,收到收文件口令后,轻点选中,再点击复制,然后打开百度网盘,点击"选文件发送",如图4-5-17所示,选择文件后发送即可。如果对方是通过在图4-5-16（右图）中点击微信图标发送的收集任务,收到任务信息后直接点击进入网盘发送文件即可。

3. 管理文件

收到好友的文件后,在自己的百度网盘主界面下方点击"共享",再点击"传输助手",在右上角点击左右两个箭头图标,如图4-5-15（右图）所示,即可看到收集和发送的文件。收集的文件可以转存,发出的文件可以撤回和删除。

4. 其他应用

（1）照片自动传输到网盘。在主界面右下角点击"我的",然后点击"相册备份",再选中"照片自动备份"和"视频备份"等选项,可以让照片自动传输到百度网盘,如图4-5-18所示。

图 4-5-18

（2）通讯录自动备份。在图 4-5-18（左图）"网盘功能"中点击"更多"，点击"通讯录同步"，点击"立即同步"，可以把手机通讯录备份到百度网盘，还可以恢复通讯录到手机中，点击"恢复通讯录"，选择恢复的时间点即可，如图 4-5-19 所示。

图 4-5-19

第六课 手机制作微课小视频

利用微信中的微软听听文档小程序，可以方便地制作手机微课小视频，并且输入文字可以自动配音。制作视频文件的基本方法是：对每一个画面，通过讲解录音或输入文字后利用 AI 智能配音，给图片文件添加声音。

一、导入图片

导入图片的方法有两种，一种是直接把手机中的图片导入微软听听文档中，另一种方法是导入 PowerPoint 文档，每张幻灯片自动作为图片呈现在微软听听文档中。

1. 直接导入手机中的图片

（1）要预先把准备录制小视频画面的内容制作为图片，通过微信或其他方式保存在手机中，如把电脑中的 PowerPoint 文档先保存为图片格式，再转存至手机中，其方法是选中 PowerPoint 文档点击"另存为"后，选择"JPEG 文件交换格式"然后"保存"，如图 4-6-1 所示。

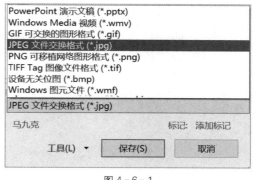

图 4-6-1

（2）将手机图片导入到程序中。通过微信把电脑中的图片传送到手机相册中，然后在微信中打开微软听听文档小程序，在下面选择"创建"，点击"选择手机内图片"。选择手机相册中的照片，一次最多选择 9 张，点击"完成"后，可以调整图片的顺序，可继续添加图片达 20 张，如图 4-6-2 所示。视频文件未发布前，都自动保存在草稿箱中，在草稿箱中可打开文件继续编辑或删除。

2. 导入 PowerPoint 文档

（1）导入的 PowerPoint 文档会自动转换为图片。如果已经把 PowerPoint 文档上传到微软云盘，在图 4-6-2（左图）中点击"选择云盘文档"，选择云盘中的某一 PowerPoint 文档，点击即可，如图 4-6-3（左图）所示。

（2）如果没有把文档上传到云盘，也可以在微软听听文档小程序中上传。

① 在图 4-6-2（左图）中，点击"从电脑中上传"，得到如图 4-6-3（右图）所示的界面。可通过微信把链接复制后传输到电脑。

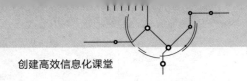

图 4 - 6 - 2

图 4 - 6 - 3

② 在电脑浏览器中打开链接，用微信扫描二维码后，点击"选择文件"，如图 4-6-4 所示。选择电脑中的 PowerPoint 文档（或 Word、PDF 等格式）上传，文档就上传到微软云盘中了。

图 4-6-4

二、 录制视频

在图 4-6-3(左图)中选择一个文件点击后（或手机导入图片后在图 4-6-2(右图)下面点击"开始制作"）进入录制前的状态。

1. 录制语音

点击红色圆形录音键后，开始讲课并录音，一次录制时间最长 60 秒，但是一个画面可以多次录音，如图 4-6-5 所示。录制一张画面后，通过手指滑动录制下一个画面。

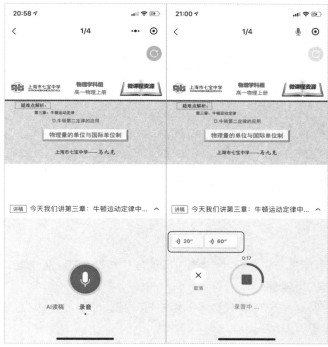

图 4-6-5

2. AI 智能读稿

如果在 PowerPoint 文档中的备注页中输入讲稿文字，在导入 PowerPoint 文件时，备注页中的文字自动导入作为讲稿，也可手动添加讲稿文字。可以利用 AI 智能读稿功能直接把讲稿中的文字转换为声音，并可以选择主播声音。录制完毕点击"制作完成"，如图 4-6-6 所示。

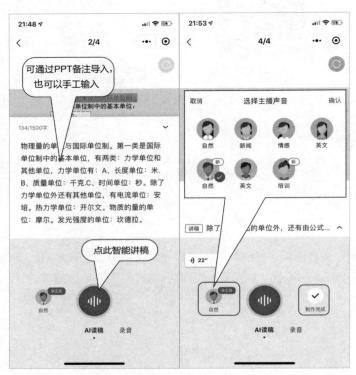

图 4-6-6

三、 视频生成和发布

1. 生成视频

录制完成后，发布前可以设置发布的权限，如图 4-6-7(左图)所示。点击"发布"，视频文件即可分享。

2. 分享到微信

点击"发布"后，点击分享图标，可以通过微信或生成二维码分享视频，如图 4-6-7 所示。在微信中打开即可观看。

（1）在微信中观看。发布到微信中后，点击打开视频即可观看，如图 4-6-8 所示。将手机设为横屏显示可以满屏观看。

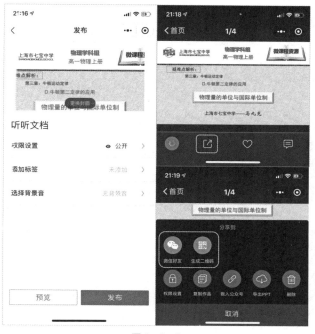

图 4-6-7

图 4-6-8

（2）在电脑中观看。在电脑中通过微信客户端打开观看时，若感觉画面较小，双击图片，则图片可以完整放大显示（图片与画面分离），可根据声音手动调整图片，即看图片听声音，如图 4-6-9 所示。滑动图片可以跳跃播放。

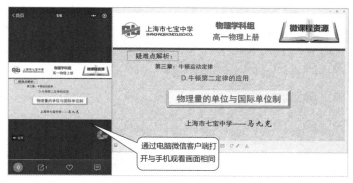

图 4-6-9

四、 文字自动转换为声音

该小程序的一个重要功能是听文档，即把文字自动转换为声音。既可以把大量的文字复制后转变为声音，也可以朗读微信公众号的文章。

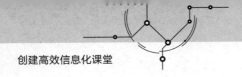

1. 输入文字转换为声音

利用图 4-6-2 所示的方法把手机图片导入到小程序中,点击图 4-6-2(右图)下面 "开始制作"。在制作界面点击右上角的图标,可以添加或更换图片,把讲稿文字复制到下面 的讲稿区,点击"AI 读稿",即可把文字转换成声音,如图 4-6-10 所示。

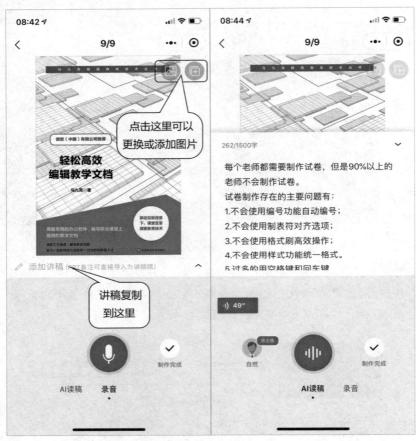

图 4-6-10

2. 朗读公众号文章

(1)打开微信某一公众号文章,再点击右上角三个小点,然后点击"复制链接"(也可选 择手机百度等新闻 App 中的文章,找到复制链接即可),这时再打开微软听听文档小程序, 在图 4-6-2(左图)中点击"请复制公众号链接",把文章的链接粘贴过来(打开时已经自动 粘贴),点击"开始制作",如图 4-6-11 所示。

(2)制作完成后,可以添加标签或背景音乐,可以"预览",也可以直接"发布",如图 4- 6-12 所示。

图 4 - 6 - 11

图 4 - 6 - 12

第七课 读书学习工具

一、同声译与百度翻译

同声译和百度翻译都是方便实用的翻译软件,如图 4-7-1所示。

图 4-7-1

1. 同声译语音即时翻译

打开同声译,在下面选择要互译的两种语言。可以直接通过语音输入或在输入框中输入文字后翻译成相应的语音及文字,通常点击左边或右边的图标,直接说出要翻译的语言后自动进行翻译。要删除某一段文字,轻按该条目,删除即可,如图 4-7-2所示。

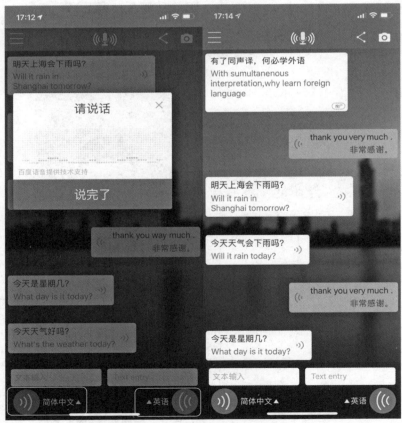

图 4-7-2

2. 百度翻译

（1）输入文字翻译。在输入框中输入文字后，点击"完成"，立即能看到翻译的结果，点击文字下面对应的发音图标，可以听到文字的发音，点击方形图标，可以复制翻译的文字，如图4-7-3所示。

图4-7-3

图4-7-4

（2）拍照翻译纸质文档。

① 在主界面点击"照相"，对准纸质文档，注意光线要好，尽量保持画面中的文字对齐参考线，如图4-7-4所示。点击拍照界面左下角的小图标，可以导入相册中的图片。

② 拍照后可立即得到翻译的结果。点击"涂抹"，可选择需要部分翻译的文字区域。点击"对照"，可以看到中英文的对照文档，如图4-7-5所示。在界面上轻点文字即可复制文字。

（3）拍照翻译物品上的文字。如对准一个瓶子的外文商标拍照后，可直接得到文字的翻译结果。

（4）同声翻译。在图4-7-4中点击"同传"，即实现同声翻译，如图4-7-6（左图）所示。

（5）直接对话。两个人用不同语言对话，可在图4-7-4中点击"对话"，进行即时翻译，如图4-7-6（右图）所示。

（6）语音输入翻译。在主界面文字输入框右侧点击话筒图标，对准手机直接说话，即得到翻译的文字。点击发音图标，可以听到文字的发音；点击方形图标，可复制翻译的文字，如图4-7-7所示。

图 4-7-5

图 4-7-6

图 4-7-7

二、 制作思维导图

思维导图 App 是在手机上制作和浏览思维导图的简单实用的工具，Xmind 思维导图 App 和幕布 App 也可以制作思维导图，如图 4-7-8 所示。

图 4-7-8

1. 用思维导图 App 制作思维导图

（1）编辑思维导图。进入思维导图 App 主界面，直接进入编辑状态。点击带蓝色小圆圈的加号图标，可添加层级，界面中的编辑工具使得操作更加方便：第一个工具用于添加同级主题，第二个工具用于添加下级主题，第三个工具用于设置文字格式，第四个为工具选项，如图 4-7-9 所示。

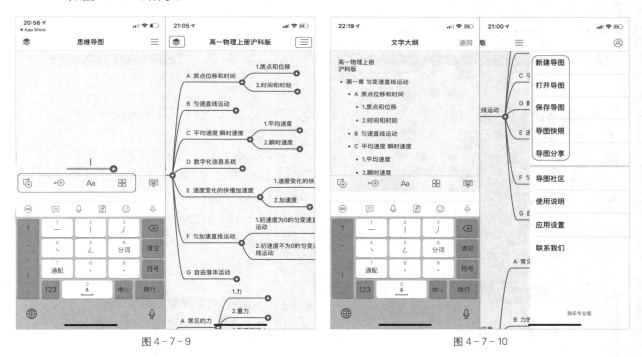

图 4-7-9   图 4-7-10

（2）文字大纲和操作工具。在图 4-7-9 所示思维导图界面，点击左上角的切换按钮，可以进入文字大纲界面并直接编辑文字；点击右上角的三条横线图标后，在打开的菜单中可以看到"新建导图"、"打开导图"、"保存导图"等操作选项，如图 4-7-10 所示。

（3）导出图片与分享导图。

① 在图 4-7-10 中点击"导图快照"，再点击右上角的"导出"，可以选择"图片"或"PDF"等格式，如图 4-7-11（左图）所示；如果在图 4-7-10 中点击"导图分享"，可以通过微信将导图分享给好友，如图 4-7-11（右图）所示。

② 微信好友收到信息后，点击打开，选择"用其他应用打开"，然后选中"拷贝到'思维导图'"，如图 4-7-12 所示。这样可以在自己手机中的思维导图 App 中打开该文档。通过分

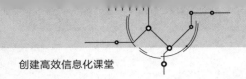

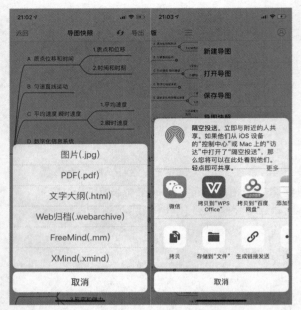

图 4 - 7 - 11

图 4 - 7 - 12

图 4 - 7 - 13

享的方法,可以把思维导图发送给微信好友或微信群。

(4)在图 4 - 7 - 10 中点击"打开导图",进入"选择文件"状态,点击右上角的加号图标,可以"新建文件夹"或"移动文件",将某一文档向左推,可以"删除"或"分享"文档,点击"更多",有更多操作,如图 4 - 7 - 13 所示。

2. 用 Xmind 思维导图制作思维导图

用 Xmind 思维导图制作思维导图,既可以在手机上进行,也可以在电脑上进行。

(1)在手机上建立思维导图。在手机上下载安装 Xmind 思维导图,点击加号按钮,有多个思维导图模板供选择。直接点击"思维导图"模板,可创建一个有中心主题和三个分支主题的空白文档,点击一下某个主题,再点击下面的添加分支工具,可以添加分支。页面上部也有多个工具供选择,如图 4 - 7 - 14 所示。可在每个主题中添加相应的文字。

(2)在手机上编辑思维导图。在手机端既可以直接在各个主题上编辑思维导图内容,也可以点击页面上部的大纲图标,在大纲视图中编辑,编辑好的文档如图 4 - 7 - 15 所示。可以切换不同的视图查看。

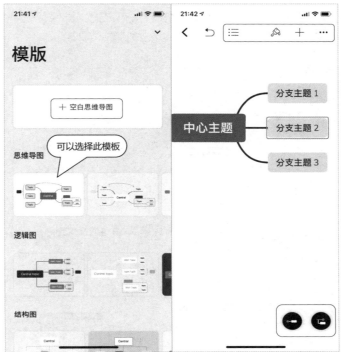

图 4 - 7 - 14

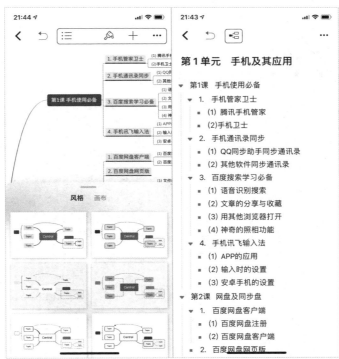

图 4 - 7 - 15

（3）在电脑上编辑思维导图。在电脑上安装 Xmind 思维导图后可以在电脑上直接操作，使用软件更加方便。打开软件，左上角有切换按钮，可以在导图模式或在大纲视图下切

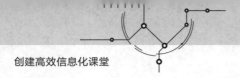

换，如图4－7－16所示。点击左上角的"文件"，可以把文件保存在电脑中，然后通过微信客户端将导图发送出去。点击右上角的"分享"，可以把思维导图导出为图片格式。

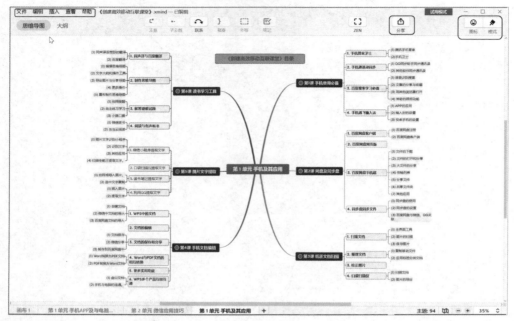

图4－7－16

（4）用手机打开文件。将思维导图发送到微信后，点击打开，再点击"用其他应用打开"，然后再点击"拷贝到'XMind'"，如图4－7－17所示。点击后即可在手机上编辑。

图4－7－17

（5）用手机分享文件。在手机上打开导图后，可以继续编辑。点击右上角的三个小点，再点击"分享到"，又可以通过微信将其再传到电脑上，如图 4‒7‒18 所示。

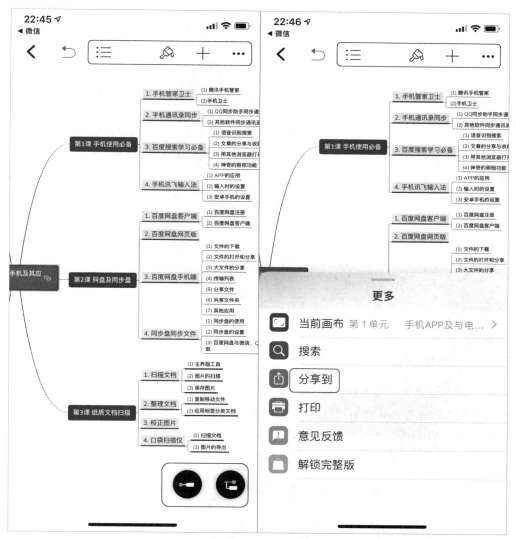

图 4‒7‒18

3. 用幕布 App 制作思维导图

打开幕布 App 主界面，点击右下角加号图标，可以新建文档和新建文件夹，新建文件后，可直接进行编辑，编辑完成以后点击右上角的导图显示图标，可立即显示思维导图，点击三个小点图标可进行更多操作，如图 4‒7‒19 所示。

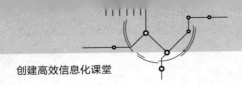

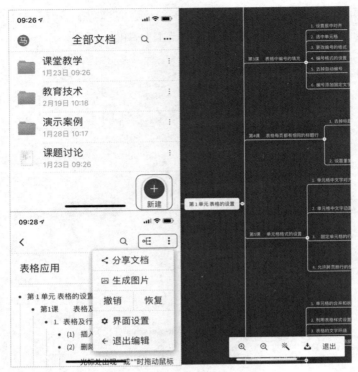

图 4 - 7 - 19

三、 解答疑难试题

教学中常会遇到疑难试题,作业帮、小猿搜题等都可以帮助你解决,如图 4 - 7 - 20 所示,这些 App 题库中拥有海量题目,利用强大的图片识别技术,可以精准匹配搜索的问题。它们可以帮助教师解答一些疑难题目,同时也可以帮助学生学习。小猿口算主要用来帮助小学生学习。下面主要介绍作业帮的使用方法。

图 4 - 7 - 20

1. 用作业帮拍照搜题

(1) 进入作业帮主界面,直接点击"拍照搜题"按钮,对准试题拍照(光线要好,纸面要放平,文字应尽量对齐参考线)即可,如图 4 - 7 - 21 所示。也可以导入手机中的试题图片搜索试题。

(2) 拍照后,手动选取待搜索试题部分,点击确定按钮"√"即可搜索试题。向上推动界面,可以查看试题详解,点击上面的数字,可以查看不同的解答过程,如图 4 - 7 - 22 所示。

图 4 - 7 - 21

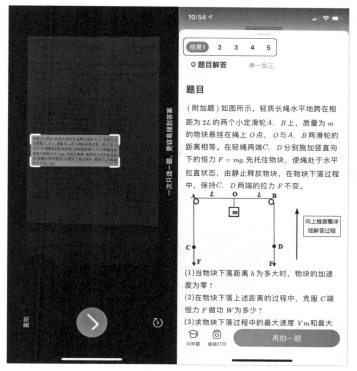

图 4 - 7 - 22

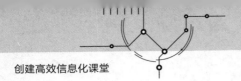

2. 用作业帮自主练习

除了搜索试题外，在作业帮中还可以找到某一章节的内容进行自我练习检测。在主界面点击"练习"，选择学科和章节，找到需要练习的内容，点击"去练习"，即可进行该内容的练习，如图 4-7-23 所示。

小猿搜题操作方法与作业帮类同，不再赘述。

图 4-7-23

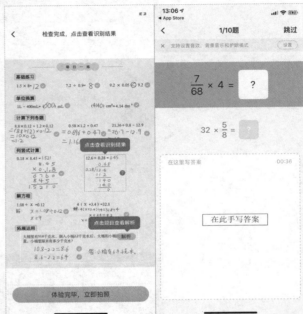

图 4-7-24

3. 小猿口算

小猿口算 App 可以帮助小学生学习。可选择年级、学期和教材版本，该 App 支持 1 至 6 年级数学题检查，在每日一练中，有口算练习、知识运用、单位换算等分类练习供选择，在口算练习中，可以手写答案，如图 4-7-24 所示。

图 4-7-25

四、 阅读与有声听书

微信读书和当当云阅读如图 4 - 7 - 25 所示，这些阅读 App 中，不仅有众多的电子书籍供用户阅读，也有丰富的有声读物供用户收听。

1. 微信读书

（1）在微信读书主界面的"书架"中，可以添加自己喜欢的书籍，点击某一本书即可开始阅读，轻点阅读界面，上下均出现工具栏，点击右下角的"听"图标即可听书，如图 4 - 7 - 26 所示。

图 4 - 7 - 26

（2）在听书界面的"定时关闭"中，可以设置自动关机的时间，点击"查看原文"可以回到文字阅读状态。点击三条横线可以查看该书的目录，如图 4 - 7 - 27 所示。

2. 当当云阅读

（1）当当云阅读上有众多可租、可购的电子书。进入"书城"页面，可看到顶部有"精选"、"电子书"等多个选项；在"书桌"页面，有自己添加的书籍和购买的电子书籍等，如图 4 - 7 - 28 所示。

图 4 - 7 - 27

图 4 - 7 - 28

（2）在阅读页面轻点，上下均出现工具栏，点击下方工具栏中的按钮可以查看目录或进行相关设置等。点击上方的耳机图标，选择"语音朗读"，即可"听书"，再轻点朗读页面，可以设置朗读的语速及朗读的声音，点击右上角的小圆圈，可以退出朗读状态，如图 4‑7‑29 所示。

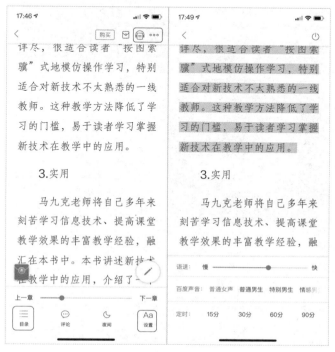

图 4‑7‑29

五、百度 App

图 4‑7‑30

百度 App 如图 4‑7‑30 所示，是手机中最常用的 App 之一。百度的语音识别技术和图像识别技术在 App 中有很好的应用，可以提高搜索的效率，帮助我们解决生活、学习和工作中的很多问题。

1. 语音识别搜索

用户使用百度搜索时常常采用文字输入方式，而百度的语音搜索功能更神奇更便捷。

在输入框的下边按住"按住说话 百度一下"，可以直接开始说话，即使在比较嘈杂的环境下或输入语音的音量很小时，识别正确率也非常高。当你说"明天会下雨吗"，百度会直接显示出当地天气预报，如图 4‑7‑31 所示。

当你说"上海 763 路公交车"，百度会直接显示线路详情；若直接说"28 的立方根是多少"或"21 的立方加 38 的立方根"，百度会直接给出答案，如图 4‑7‑32 所示。利用百度的人工智能语音识别技术，可以快速输入需要百度解决的问题后立即获得搜索结果。

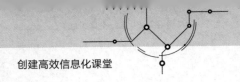

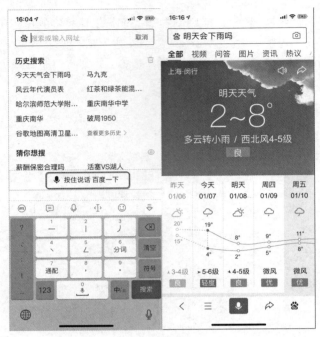

图 4 - 7 - 31

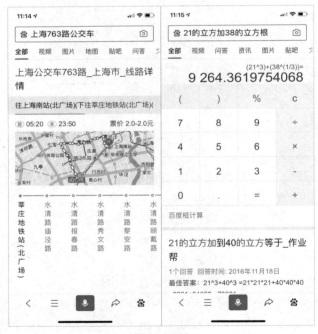

图 4 - 7 - 32

2. 文章的分享与收藏

　　文章搜索出来后，点击右上方的三个点图标，有众多选项供选择。点击"分享"，可以把文章通过微信等发送给好友；点击"添加收藏"，可以把文章收藏起来，方便以后阅读；点击

"收藏中心",可以查看收藏的文章。在"收藏"界面,点击"新建文件夹",可以添加新的收藏文件夹;点击编辑图标,选中某一文章,可以将文章移动到某一文件夹中,对收藏的文章进行分类管理。在"历史"界面,可以查看曾经点击过的文章,如图4-7-33所示。

图 4 - 7 - 33

3. 页面的缩放

百度搜索出的文章一般是不能放大页面的,如果想缩放页面改变阅读时的文字大小,可以使用浏览器打开,在图4-7-33(左图)下方向左滑动后点击"复制链接"(图中没有显示),把网址复制后,在手机自带的浏览器中打开,即可手动缩放页面。

4. 神奇的拍照功能

在搜索框的右边点击照相机图标,在界面下边有"识万物"、"题目"、"翻译"等拍照选项,可以根据拍摄的图片搜索相应内容。

(1)拍摄物品并搜索。在"识万物"选项中,对一个物品拍照后,可以在网络上搜索到含有该图片的信息,如图4-7-34所示。拍摄一本书的封面,可立即找到网上相关的信息。

(2)帮助解答试题。如果遇到不会做的题目,可以直接拍照自动搜索该试题的解答过程。在"题目"选项中,对准试题(既可以拍摄电脑屏幕上的试题,也可以拍摄纸张上的试题。注意:光线要好,尽量让纸面放平整)后,点击拍照按钮,然后手动选择试题部分(不一定全选,但要尽量多地选择),再点击下面的搜索按钮,如图4-7-35所示,即可在网络上找到该试题的相关解答过程。试题解答主要来源于作业帮中的试题库。

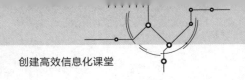

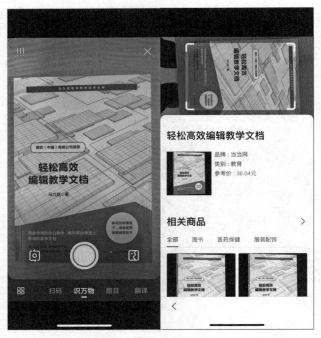

图 4 - 7 - 34

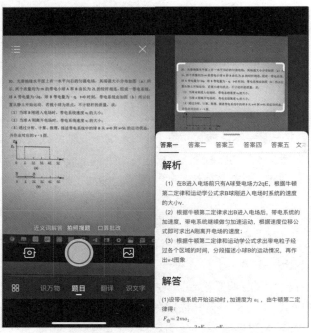

图 4 - 7 - 35

（3）直接拍照翻译。如果想翻译文档，直接拍照后可立即得到翻译结果。在"翻译"选项中，拍照后，点击"涂抹"并用手指涂抹需要翻译的文字，然后点击"翻译"，即可得到翻译结果，如图 4 - 7 - 36 所示。

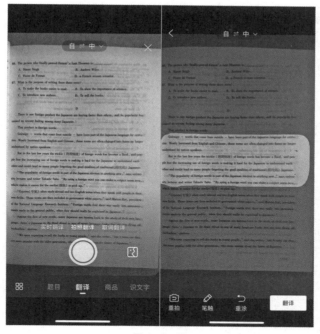

图 4 - 7 - 36

（4）拍照自动识别万物。在图 4 - 7 - 35（左图）中点击左下角的图标，可显示众多识别功能。点击"识植物"，对着植物拍照，可以搜索到植物的名称以及该植物的其他相关信息，如图 4 - 7 - 37 所示。

图 4 - 7 - 37

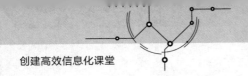

拍照功能还有众多用法，在此不作介绍。

六、 讯飞输入法

图 4 - 7 - 38

讯飞输入法分为手机端和电脑端，先介绍手机端的应用。在手机上下载安装讯飞输入法 App，如图 4 - 7 - 38 所示。

用户不仅可以在使用 App 时应用相关功能，还可以在使用输入法时进行设置，方便文本的输入。

1. App 的应用

在主界面下面有五个功能选项，常用的有"AI 输入"、"词库"和"我的"。

（1）AI 输入。AI 输入即人工智能输入。打开"语音便签"，点击加号图标后直接输入语音，可立即将语音转换成文字。可以暂停输入，点击"结束"按钮可结束输入，如图 4 - 7 - 39 所示。

图 4 - 7 - 39

（2）词库设置。在"词库"选项中，可以导入"通讯录词库"，这样当用户输入通讯录中名字时，输入法会联想提示。点击"下载分类词库"，可以选择自己感兴趣的词库项目下载使用，如图 4 - 7 - 40 所示。

（3）"设置"的应用。在主界面右下角点击"我的"，在右上角点击"设置"。"设置"中常常要进行"语音设置"和"输入设置"，也可以在"键盘设置"中"定制工具栏"。

图 4-7-40　　　　　　　　　　　　　图 4-7-41

① 语音设置。在"设置"选项中,点击"语音设置",可以选择"识别语种",要选中"长文本输入"(重要,必须选中),保证长时间语音输入不间断。如图 4-7-41 所示。

② 输入设置。在图 4-7-41(左图)中点击"输入设置",再点击"常用语",在常用语选项中,可以"添加分组",如图 4-7-42 所示。点击某一组,可以添加、修改常用语。设置好常用语,可以快速输入文字。点击图 4-7-42(左图)中的"符号自定义",可以自定义自己常用的符号。

图 4-7-42　　　　　　　　　　　　　图 4-7-43

③ 键盘设置。在图 4-7-41 中点击"键盘设置",然后点击"定制工具栏",在此可设置工具栏上的常用工具,"常用语"和"麦克风"必须要有,如图 4-7-43 所示。

2. 苹果手机端输入时的设置

使用苹果手机时,在输入状态下,点击左下角的输入法切换图标,可以更改输入法。在使用讯飞输入法时,可以快速进入设置状态。

(1) 进入"设置"状态。讯飞主界面上正中的四个工具按钮,是自定义设置的,最左边是设置按钮,点此按钮会显示多个设置选项,如图 4-7-44 所示。

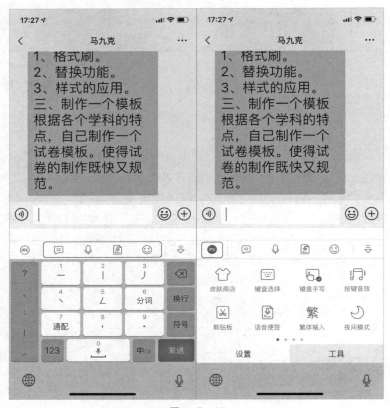

图 4-7-44

(2) 常用语和剪切板。点击"常用语"按钮,可以看到自定义的常用语,点击"添加/编辑常用语",可以进入常用语的编辑状态。点击"剪贴板",可以看到最近文本复制历史,点击后可以直接粘贴,如图 4-7-45 所示。

(3) 通话和长文本设置。在图 4-7-44 工具栏中点击麦克风按钮,可以直接进行语音输入,在语音输入界面点击"普通话-长文本",可以设置不同的输入语言及方言。点击设置按钮,可以在此设置"长文本输入",如图 4-7-46 所示。在图 4-7-41 中开启"长文本输入"功能即可。

图 4 - 7 - 45

图 4 - 7 - 46

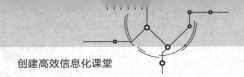

3. 安卓手机端的设置

安卓手机端也可以进行相应的设置。

（1）App 设置。

① 进入主界面后点击"我的"图标，然后点击设置按钮（也可以点击"词库"，进行词库的设置），进入输入法设置界面。通常需进行"键盘设置"和"语音设置"，如图 4 - 7 - 47 所示。

图 4 - 7 - 47

图 4 - 7 - 48

图 4 - 7 - 49

② 点击"键盘设置"，可以"定制工具栏"，常用工具有"输入方式"、"语音输入"、"常用语"和"剪贴板"，拖动每个工具右边的三条横线，可以上下调整工具的顺序。在"语音设置"中可以选中"语音长文本模式"，如图 4 - 7 - 48 所示。

（2）输入时的设置。在文字输入时，界面上会显示自定义工具栏。点击"常用语"工具按钮，可以设置常用语，点击设置图标，可以编辑常用语，如图 4 - 7 - 49 所示。

4. 电脑端讯飞输入法的使用及设置

在电脑端下载安装讯飞输入法，电脑界面右下角会出现讯飞输入工具栏。

（1）电脑端语音输入。在输入法图标

上点击语音输入图标,出现"请说话"的图标,此时直接用电脑麦克风语音输入即可,如图4-7-50所示。鼠标右键单击"请说话"图标,可以关闭语音输入。

图4-7-50

图4-7-51

(2) 用手机接收语音,将语音输入电脑中并转换为文字。如果电脑上的麦克风质量不高,可以利用手机作为麦克风输入语音,在电脑上直接转换成文字。

① 在图4-7-50中点击讯飞麦克风图标,电脑上会出现二维码,如图4-7-51所示。打开手机(目前只限安卓系统)微信扫描二维码,手机与电脑即建立起链接关系。

② 用手机扫描二维码后,提示下载安装讯飞麦克风App。打开手机讯飞麦克风App,点击"扫一扫配对",重新扫描二维码,然后按住屏幕开始说话,图4-7-52所示。

(3) 输入法设置。点击讯飞输入工具栏右端的设置图标,可以进行相关设置,如图4-7-53所示。

图4-7-52

图4-7-53

微信文档处理

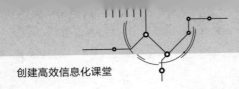

第八课

一、文档预览编辑与发送

在微信中打开 Word 或 PowerPoint 等文档，只能进行一般预览，并且很多文档的格式无法正确显示，表格文档样式复杂，更不具备文档的编辑功能。微信中的文档要编辑再发送，需要借助第三方应用程序，如 WPS Office 或 Microsoft Word 及 Microsoft PowerPoint 等应用程序。

1. Word 文档用 WPS 打开并转换为 PDF 文档

（1）微信中常常接收到 Word、PowerPoint 及 PDF 文档，点击一个 Word 文档打开后，文档格式常常发生变化。这时点击右上角三个小点，点击"用其他应用打开"，再点击"拷贝到'WPS Office'"，如图 4-8-1 所示。

图 4-8-1

（2）这时用 WPS 打开的 Word 文档格式完整。点击左上角的"编辑"，可以对文档进行编辑，如图 4-8-2 所示。再点击左下角的"工具"按钮，有很多操作选项供使用。

（3）在 WPS 中点击"工具"按钮后，点击"文件"下面的"分享与发送"，选中"以 PDF 分享"，即可把 Word 文档以 PDF 格式发送给微信好友，如图 4-8-3 所示。具体分享方法参

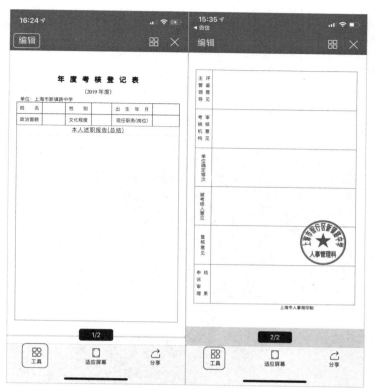

图 4 - 8 - 2

图 4 - 8 - 3

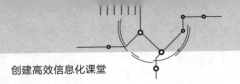

见本单元第二课中的"文档的保存和分享"。

2. PowerPoint 文档用 WPS 程序打开

（1）同理，在微信中打开 PowerPoint 文档，点击右上角三个小点，点击"用其他应用打开"，用 WPS 打开后的界面如图 4-8-4 所示，下面有相应的操作按钮，点击"播放"按钮，进入幻灯片放映状态。

图 4-8-4

（2）幻灯片放映。幻灯片放映时，用手指在屏幕上向左、向上滑动前进，反之后退。轻点屏幕，上面出现工具栏，点击"墨迹"，可以对放映的幻灯片添加标注，点击"更多"，还可以设置"自动播放"，如图 4-8-5 所示。

图 4-8-5

3. 制作可在手机上全屏浏览的 PowerPoint

如图 4–8–5 所示的浏览 PowerPoint 文档的方式，需要借助第三方软件。如果在微信中直接打开 PowerPoint 文档，往往会显示如图 4–8–6（左图）所示的格式，微信用户往往阅读不便。如果每张幻灯片都可全屏浏览，效果会较好，如图 4–8–6（右图）所示。这种可在手机上全屏浏览的 PowerPoint 的制作方法，要点是在 PowerPoint 中设置幻灯片的大小。

图 4–8–6

（1）设置幻灯片大小。在 PowerPoint 程序中，幻灯片默认方向为横向，大小是"宽屏（16∶9）"，只需将方向由横向变为纵向，即宽高比为 9∶16 即可。点击"设计"选项卡，在功能区右边点击"幻灯片大小"，选择"自定义幻灯片大小"，在幻灯片大小对话框中，将"横向"改为"纵向"即可，如图 4–8–7 所示。

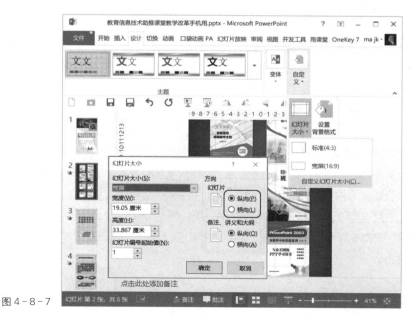

图 4–8–7

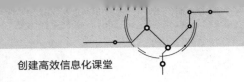

（2）所有幻灯片要按符合纵向比例的要求重新编辑。设计好的 PowerPoint 文档如图 4-8-8所示。

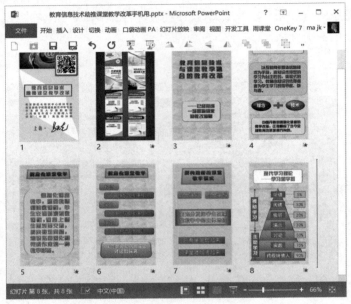

图 4-8-8

（3）把制作好的 PowerPoint 文档通过微信客户端发送给好友，好友在微信中打开即可全屏浏览。一般按 9：16 设置可满足大多数情况，但由于不同手机的屏幕比例不同，在某些手机中可能无法全屏显示。

二、文档的互转与发送

手机上的三大重要 App 分别为微信、WPS 和百度网盘。微信可以接收文档，WPS 可以编辑文档，百度网盘可以存储文档。它们之间相互配合、互联互通，可以相互传递文件并可以把文档传递到电脑中，并称为手机"三大侠客"。它们间的关系如图 4-8-9所示。下面以一个 Word 文档为例说明文档在三者间相互传递的过程。

1. 将网盘文档分享给微信好友或 WPS

在百度网盘的"文件"中找到需要分享的文档并点击打开，在网盘中打开的文档通常也无法正确显示格式。在打开的文档下面点击"打开方式"，在打开方式中选择"其他应用打开"（也可以下载至手机中后再用其他应用打开），然后选择"微信"分享，如图 4-8-10 所示，即可把网盘文档分享给微信好友。点击"拷贝到'WPS Office'"，网盘文档即可在 WPS 中打开。

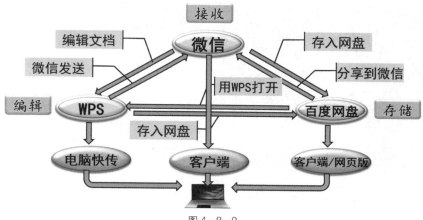

图 4 - 8 - 9

图 4 - 8 - 10

2. 将微信中的文档在 WPS 中打开或上传到网盘

在微信中打开 Word 文档（即使压缩文件也可以），点击右上角三个小点，点击"用其他应用打开"，选择"拷贝到'WPS Office'"即可将微信文档在 WPS 中打开，在 WPS 中可以对文档编辑保存；点击"拷贝到'百度网盘'"，然后选择在网盘中保存文件的文件夹，即可把微信文档保存到网盘中，如图 4 - 8 - 11 所示。

3. 将 WPS 中的文档分享到微信或上传到网盘

（1）在 WPS 中编辑好文档后，可以保存在 WPS 网盘中，也可以分享发送。在 WPS 中

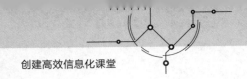

图 4-8-11

图 4-8-12

点击文档左下角的"工具"按钮,选中"文件",点击"分享与发送",选择"以文档分享"或"以PDF 分享",如图 4-8-12所示。

(2)若点击"以 PDF 分享",选择"微信"可以把 PDF 文档分享给微信好友;如果点击"拷贝到'百度网盘'",可以把 WPS 中的文档以 PDF 格式发送到百度网盘中,选择网盘中的文件夹的位置上传即可,如图 4-8-13所示。

图 4-8-13

4. 微信与网盘联合发送大文件

如果网盘中文件较大，在手机中直接打开不便，可以通过微信把下载链接分享给好友。在百度网盘中选中文件后，点击"分享"，选中"复制私密链接"，将此链接发送给微信好友，好友收到信息轻点后复制，再打开百度网盘直接将其转存到百度网盘中，如图 4－8－14 所示。这是最常见的将网盘中的文件分享到微信的方式。

图 4－8－14

三、 收藏功能的妙用

收藏功能可以将微信中的文档信息保存在网盘服务器中，微信提供 2G 的收藏空间，即使换手机，收藏内容也不会丢失，且可以在任意设备中登录微信后浏览收藏的内容。

1. 文章分类收藏

如果微信收藏的信息较多，可以分类保存。

（1）打开收藏即可看到系统默认的八大项目分类。系统把收藏的内容自动分为"图片与视频"、"链接"、"文件"等类别。点击某一类别，即可分类查看。也可以根据内容进行自定义分类，点击搜索框，可以看到自定义的标签，如图 4－8－15 所示。

（2）为文章设置标签。打开收藏的网络文章（或其他文档），点击右上角三个小点，选中"编辑标签"，如图 4－8－16 所示。可以选择已有的标签或重新添加标签。

2. 用于记笔记

（1）微信收藏具有记笔记功能。在收藏界面点击右上角的加号图标，打开记笔记功能，

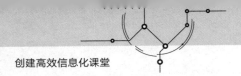

图 4 - 8 - 15

图 4 - 8 - 16

在此界面不仅可以添加文字，还可以插入图片、拍照、插入地点和录制声音，如图 4 - 8 - 17 所示。

（2）插入文件。在笔记中插入文件的方法是：先把微信中的文件设为收藏，打开文件后，点击右上角三个小点，再点击"转存为笔记"，即出现一个新的笔记页面，在此编辑文字即可。如果要在已有的笔记中插入文件，需要先将文件"转存为笔记"后再轻按文件，选中"复制"，如图 4 - 8 - 18 所示，再将其粘贴到笔记中。

图 4 - 8 - 17

图 4 - 8 - 18

3. 拼图功能

在收藏的记笔记界面，插入若干张图片，点击右上角三个小点，点击"保存为图片"，即可把几张图片保存为长图，如图 4-8-19 所示。

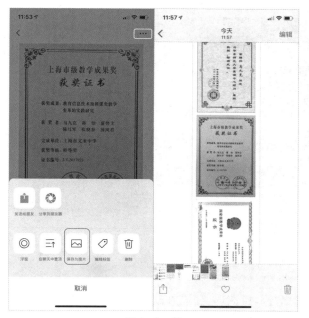

图 4-8-19

图 4-8-20

四、 为微信网络文章生成二维码

微信中的很多网络文章，不仅可以分享至朋友圈，还可以为其生成二维码插入 PowerPoint 文档中在大屏幕上显示，供参会者扫描阅读。一种方法是通过浏览器生成二维码；另一方法是通过手机 App 生成二维码。这两种方法一般都需要网络文章的网址。

1. 使用浏览器生成二维码

（1）复制网络文章的网址。在微信中（也可以在其他 App 中打开任意文章，如百度）打开某一网络文章，点击右上角三个小点图标，点击"复制链接"，即复制了文章的链接，然后通过微信把链接地址发送到电脑上，如图 4-8-20 所示。

（2）生成二维码。在电脑上通过微信客户端接收到文章的网址后，在 360 浏览器上地址栏粘贴该网址并打开，点击地址栏右边的二维码图标，即可显示二维码，如图 4-8-21 所示。用手机扫描二维码即可看到该文章。也可以将该二维码图片截取后保存备用（360 浏览器右上角即有截图工具）。火狐浏览器也具有此功能。这样在浏览器中只要看到网络文章，立即可以得到该文章的二维码。

图 4 - 8 - 21

2. 使用手机 App 生成二维码

　　（1）在手机上下载安装二维码工房 App，选择"网址"选项，在输入框中粘贴网络文章的网址（网址获得的方法参见图 4 - 8 - 20 所示），然后点击"创建"，如图 4 - 8 - 22 所示，即可生成二维码。

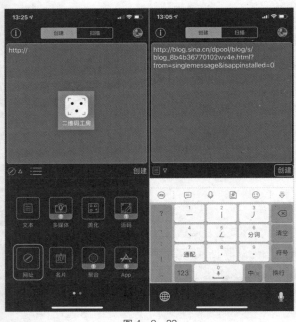

图 4 - 8 - 22

图 4 - 8 - 23

（2）生成二维码图片后，可以利用工具对二维码图片进行美化：点击"边框"，可以设置二维码的边框；点击"嵌图"，可以在二维码中嵌入图片，如图4-8-23所示。

（3）分享二维码。二维码美化完成后，点击右上角的分享按钮，可以直接把二维码图片发送给微信朋友或者保存到相册中，如图4-8-24所示。

3. 扫描相册中的二维码

在使用手机时，常常会遇到需要扫描手机界面中二维码画面的情况，此时可以先把手机画面截图保存至相册，然后在微信的"发现"界面，点击"扫一扫"，在扫描界面点击"相册"按钮，导入相册中的二维码图片进行扫描，如图4-8-25所示。

图4-8-24

图4-8-25

第九课　希沃授课助手

希沃授课助手是一款用于手机端与电脑或智能平板互联互动的软件。它提供了手机端无线操作 PowerPoint 演示、手机投屏、直播动态演示、实物拍照上传展示、文件传输、触摸板控制等实用功能。

一、下载、安装与连接

进入希沃授课助手网站（http://e.seewo.com/product/SeewoLink），点击"立即下载"按钮，即会弹出下载任务选项界面，如图 4-9-1 所示。

图 4-9-1

1. 电脑端

（1）下载安装。点击图 4-9-1 中电脑端的"立即下载"，选择保存路径，可以下载电脑端程序安装包。双击下载的安装包程序，点击"快速安装"，即可在电脑端安装希沃授课助手程序，如图 4-9-2 所示。

图 4-9-2

（2）按照使用向导设置、连接。手机端下载 App 后，在电脑端点击"下一步"，可以修改电脑名称、设置密码，然后点击"扫码连接"，如图 4-9-3 所示。

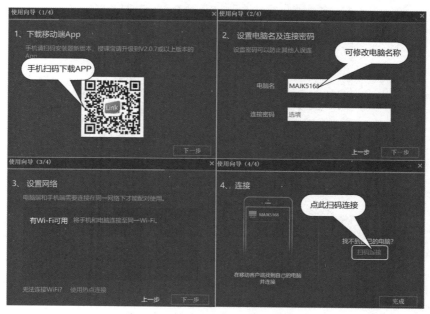

图 4-9-3

（3）点击"扫码连接"后电脑端出现扫码界面如图 4-9-4 所示。

图 4-9-4

2. 手机端

（1）打开手机 App，扫描图 4-9-4 中的二维码，有"移动展台"和"演示课件"等功能模块，界面显示如图 4-9-5 所示。

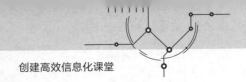

图 4-9-5

（2）此时，电脑端呈图 4-9-6 界面，手机和电脑端连接成功。

图 4-9-6

二、移动展台

1. 画面直播

直播就是将手机画面同步镜像到电脑屏幕上。

（1）点击图 4-9-5 手机端主界面的"移动展台"，选择"直播"，将手机对准直播对象，然后点击蓝色圆形按钮，此时开始直播，手机端效果如图 4-9-7 所示。直播时，移动手机端上方的滑动圆块，可按需调节画面流畅和清晰程度，要结束直播，点击手机下方的红色方块按钮即可。

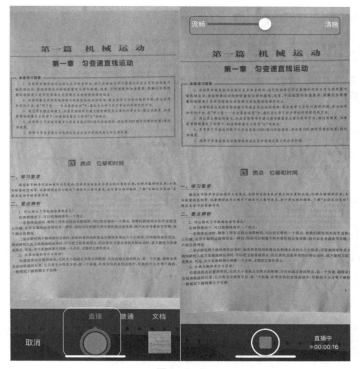

图 4-9-7

（2）电脑端直播界面如图 4-9-8 所示，与手机界面同步。如果令手机横屏显示，则电脑端会全屏显示。

图 4-9-8

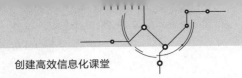
2. 拍照上传

点击图 4-9-7 中的"普通",将手机对准拍照对象,点击手机下方的蓝色按钮拍照,出现如图 4-9-9 所示的界面。点击"编辑",在编辑界面可以裁剪、旋转所拍照片,满意后点击"上传"可将所拍照片传到电脑端显示。点击图 4-9-9 中的箭头图标,可直接上传所拍照片到电脑端。点击图 4-9-9 底部右侧图片,可转入"文件上传"界面。

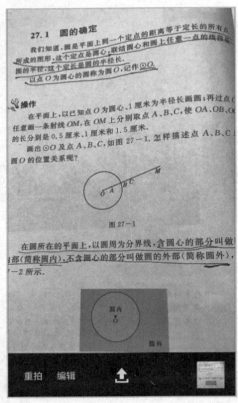

图 4-9-9

三、 文件上传

1. 图片上传

(1) 点击图 4-9-5 手机端主界面下方的"文件上传",进入手机相册文件上传界面(点击"视频"按钮可以上传视频),选择想要上传的图片(一次最多可传 4 张),效果如图 4-9-10 所示,点击"上传"即可将图片文件上传到电脑端文件夹。上传后的手机界面如图 4-9-11 所示。

图 4 - 9 - 10

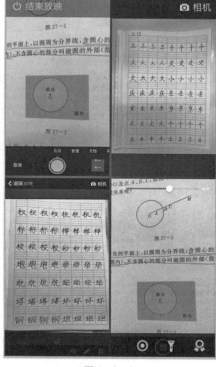

图 4 - 9 - 11

（2）图片上传后的电脑端界面如图 4 - 9 - 12 所示。

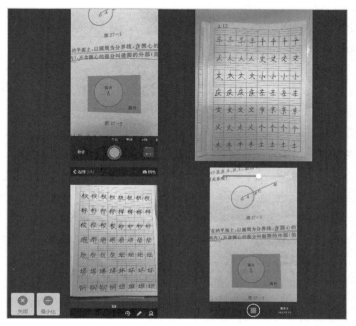

图 4 - 9 - 12

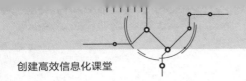

（3）在手机端点击某一张图片展示时，界面如图4-9-13所示。此时电脑端界面同步变化，效果如图4-9-14上图所示。

图4-9-13

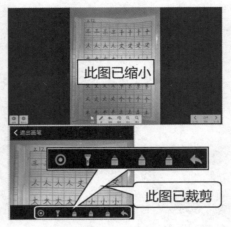

图4-9-14

（4）在图4-9-13所示手机界面中，捏合、分开双指可以缩小、放大图片，滑动单指可以移动图片。

图片下方三个图标分别为：

① 旋转按钮：每点击一次，图片按逆时针方向旋转90°。

② 画笔：方便对图片做批注和突出强调。点击画笔图标后，界面如图4-9-14（下图）所示。

画笔界面下方的六个图标从左到右分别表示：

a. 激光笔：点击激光笔图标，在手机上用单指滑动，则电脑屏幕上会出现移动的激光笔，便于跟踪讲解。

b. 聚光灯：点击聚光灯图标，则电脑屏幕上出现正方形高亮显示区。在手机上用单指滑动可以移动聚光灯，双指分开、捏合可以放大、缩小聚光灯显示区域。再点击一下聚光灯图标可关闭该功能。

c. 三种颜色画笔：三种不同颜色画笔，可在电脑屏幕上做批注。

d. 撤销：点击一次撤销箭头图标，可撤回上一步画笔操作。长按该图标可清除所有画笔标记。

③ 奖牌：点击一次，弹出奖牌框，再点击一次，奖牌框消失。拖动一个奖牌到框外，则手机和电脑端同步在图像右上角出现奖牌图像，评奖成功。若再拖动另一个奖牌，则会替换原有奖牌；若将奖牌拖进奖牌框内，则右上角的奖牌消失。给画笔标记过的图片设金牌的手机和电脑端界面效果分别如图4-9-15与图4-9-16所示。

（5）在图4-9-16电脑界面中，图片下方也有六个图标按钮，分别为：选择、笔、撤销、旋转、放大、缩小，功能与手机端相同，点击相应按钮即能生效。不管在手机端操作，还是在电脑端操作，两者显示画面均同步呈现。

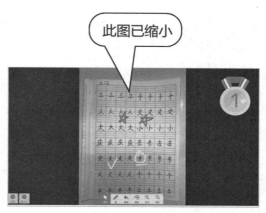

图 4－9－15   图 4－9－16

2. 视频上传

　　在图 4－9－10 右上角选择"视频"，进入手机视频上传界面。点击待上传视频右侧的"上传"，即可将该视频文件上传到电脑端文件夹，上传时手机界面效果如图 4－9－17 所示。视频上传成功后，"上传"变为"打开"，点击"打开"可直接在电脑端播放该视频。

3. 查看已上传文件

　　（1）在手机端查看。点击图 4－9－17 上方的"已上传"，可查看已经上传到电脑端的图片和视频文件，界面效果如图 4－9－18 所示。点击"放映"可播放对应的视频。点击图片文

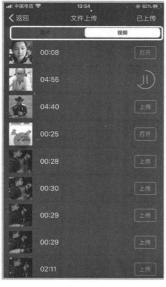

图 4－9－17   图 4－9－18

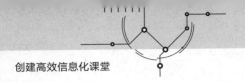
件后的"批注"可在电脑端对该图片进行展示、批注。

（2）在电脑端查看。在电脑端"希沃授课助手"连接界面中，点击文件夹图标，可查看从手机端上传过来的图片和视频文件，如图4-9-19所示。

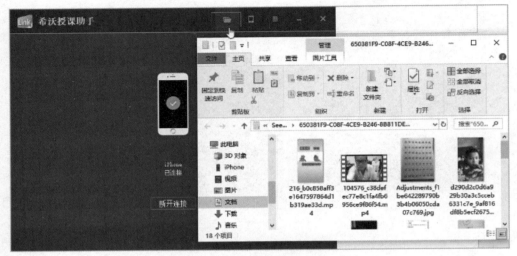

图4-9-19

四、 演示课件

1. 希沃白板演示

在图4-9-5中的手机端主界面点击"演示课件"，默认为播放希沃白板启动页，如图4-9-20所示，电脑上若安装了希沃白板（希沃白板不是希沃授课助手，在此不作介绍）且在白板上打开课件，可直接点击"播放白板"演示白板课件。

2. 电脑 PowerPoint 演示

如果电脑上没有安装希沃白板，在电脑上打开 PowerPoint 课件，手机可以作为遥控器控制电脑播放 PowerPoint 课件。要演示 PowerPoint 课件，可点击图4-9-20下方的"切换到 PPT/WPS 演示"，跳转到播放 PPT 启动页，如图4-9-21 所示。

3. 手机端操作

（1）幻灯片播放。在电脑上已打开 PowerPoint 课件的前提下，可直接点击图4-9-21中的"播放 PPT"按钮，电脑端即可全屏放映幻灯片课件，此时手机界面如图4-9-22所示，可以左右滑动幻灯片，切换放映下一张或上一张幻灯片，也可以滑动上方缩略图，点击任一张幻灯片，则电脑端跳转显示该幻灯片。点击左上角"结束放映"，可结束 PPT 文件的放映。点击右上角的"相机"，可以拍照或选择相册里的图片插入展示。

图 4-9-20

图 4-9-21

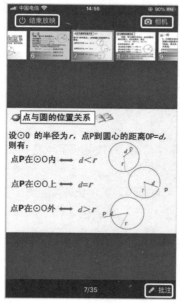

图 4-9-22

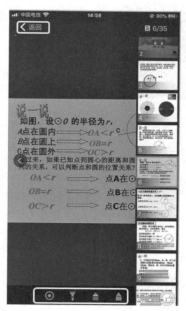

图 4-9-23

（2）幻灯片批注。点击图 4-9-22 右下角的"批注"，可以对该页幻灯片进行激光笔跟踪、聚光灯显示、画笔批注等；还可以在批注页上点击右上方的页码信息弹出幻灯片缩略图，选择某一张幻灯片进行切换演示，如图 4-9-23 所示。

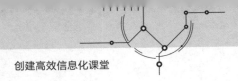

五、 屏幕同步与触控板

1. 电脑桌面同步

（1）点击手机端图 4-9-5（右图）左下角"屏幕同步"，出现如图 4-9-24 所示界面。点击"电脑桌面同步"，手机端同步显示电脑桌面所示界面，如图 4-9-25 所示。

图 4-9-24

图 4-9-25

（2）在手机端，可以用手代替鼠标在手机屏上操作电脑，双指划开可在手机上放大电脑界面。手机屏幕右侧还有六个功能图标，如图 4-9-25 所示。从上到下分别表示：关闭电脑桌面同步功能、打开手机键盘代替电脑键盘打字、红色画笔、黄色画笔、蓝色画笔和撤销上一步操作（长按撤销可清除所有画笔标记）。在电脑上打开 PowerPoint 文档，可以在手机上控制翻页播放。

2. 手机屏幕同步

点击图 4-9-24 下方的"手机屏幕同步"，手机端界面如图 4-9-26 所示。点击"开始投屏"，苹果手机会弹出投屏指引页，安卓手机会直接进行屏幕同步。在苹果手机中找到屏幕镜像，选择"SeewoLink"连接即可。如果要结束投屏，需在苹果手机上点击"停止镜像"，在安卓手机上点击"结束投屏"，如图 4-9-27 所示。

图 4-9-26

图 4-9-27

3. 触控板

（1）触控板界面。点击手机端主界面图 4-9-5（右图）右下角的"触控板"，手机可以替代鼠标控制电脑，有常规的移动、左键、右键功能，点击屏幕右上角的"···"，还能调出"打开键盘"、"切换窗口"、"关闭窗口"、"回到桌面"四种功能，界面如图 4-9-28 所示。

图 4-9-28

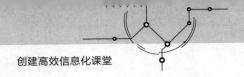

（2）触控板七种功能。

① 移动：在手机屏幕上滑动手指，可移动电脑上鼠标的位置。

② 左键：相当于鼠标左键。

③ 右键：相当于鼠标右键。

④ 打开键盘：弹出手机键盘，可输入文字等到电脑光标闪烁处。

⑤ 切换窗口：切换到电脑上不同的程序窗口。

⑥ 关闭窗口：关闭电脑当前窗口。

⑦ 回到桌面：显示电脑桌面。

六、 用视频会议实施直播教学

教师常常需要把桌面上书写（或黑板板书）的画面通过手机直播出去，需要的工具有：放置手机的手机支架（可网购）；连接电脑的话筒或微型麦克风（较好的笔记本电脑通常自带话筒）。

1. 基本的连接方式

桌面、手机和电脑的连接关系如图4-9-29所示。

（1）用于摄像的手机先要与电脑建立投屏的连接关系。手机B与电脑C可以通过希沃授课助手建立连接关系。利用本课"二、移动展台"中介绍的画面直播功能，可使电脑全屏显示手机直播的画面。电脑要放在自己身边，以便随时监控电脑的画面。

（2）在电脑上设置直播课堂。在电脑上利用第三单元第七课中介绍的钉钉视频会议功能中的"共享窗口"实现"桌面"共享，以全屏分享电脑画面。或者使用第三单元第六课中介绍的腾讯课堂功能进行全屏分享，把画面分享到远程用户D处。

（3）调整放置手机B的手机支架的位置，使手机B垂直拍摄的桌面书写画面（或水平

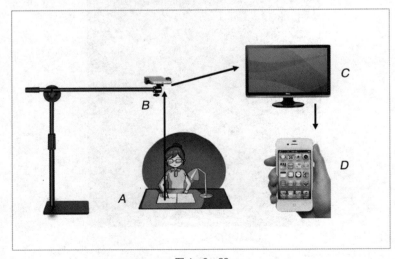

图4-9-29

拍摄的黑板画面)清晰且尽量充满电脑 C 的整个屏幕。

（4）要使手机 B 垂直拍摄桌面书写画面，在调整手机 B 位置时需注意：利用希沃授课助手的直播功能，一般手机水平放置时电脑上呈现的画面较小，非水平放置时电脑上可以满屏显示。安卓手机放置在支架上时，应先倾斜放置，当画面满屏时，再慢慢调整水平放置即可。苹果手机需要倾斜放置，所以如果使用苹果手机，书写的桌面稍微倾斜一些较好。应预先多调试几次并随时监控电脑的画面。

（5）声音、画面都调整好后，在电脑 C 上点击开始上课即可。

2. 实际连接的画面

下面以 B、C 间通过希沃授课助手的直播功能连接，C、D 间通过钉钉视频会议的桌面分享连接为例说明设备画面的情况。

（1）电脑 C 显示的画面如图 4-9-30 所示。

图 4-9-30

（2）远程用户 D（即学生）手机（示例为苹果手机）显示的画面如图 4-9-31 所示。

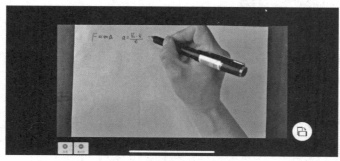

图 4-9-31

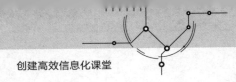

第十课

手机投屏方法

在教学中常常需要把手机上的画面投射到屏幕上,俗称手机投屏。常用方法是将手机画面先投屏到电脑(或直接投射到一体机)上,再投至与电脑相连的其他投影设备(如投影幕布)上。另一种方法是利用投屏器直接把手机画面投射到屏幕上。

一、安卓手机直接投屏

将手机画面投屏到电脑上,不同的电脑操作系统有不同的投屏操作方法,下面以安卓手机(华为版本为:10.0.0.185)为例说明将手机画面投屏到电脑上的方法。目前电脑上主流的操作系统是 Win10 和 Win7,Win10 操作系统自带投屏功能,Win7 则需要安装投屏软件。

1. 电脑端的设置

(1)在电脑左下角点击开始图标,再点击设置图标,即打开了"Windows 设置"界面,如图 4-10-1 所示。然后点击"系统"。

图 4-10-1

(2)进入系统设置界面后,点击"投影到此电脑",在第一个选择框中选择"所有位置都可用",如图 4-10-2 所示。

2. 手机连接电脑

(1)在手机主界面向下划动,点击"无线投屏"图标,在出现的"无线投屏"界面点击"majk5168"(为电脑名称),即与电脑建立连接关系,如图 4-10-3 所示。

(2)在手机与电脑连接时,电脑上出现如图 4-10-4 所示的界面。

图 4 - 10 - 3

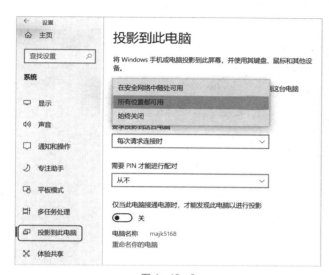

图 4 - 10 - 2

图 4 - 10 - 4

二、利用软件投屏

如果电脑中安装的不是 Win10 操作系统，可以安装投屏软件进行投屏。目前清晰度较高的投屏软件是 ApowerMirror（使用前面介绍的希沃授课助手的手机屏幕同步功能也是可行的），不论 Win10 还是 Win7 操作系统，安卓手机或苹果手机都可以用。但是电脑和手机必须连接同一个网络。可开通手机热点，令电脑使用手机热点的网络信号，此法通用且简单易行。

1. 软件的安装运行

（1）软件的下载。通过百度搜索 ApowerMirror 的官网，或直接输入网址（https://www.apowersoft.cn/phone-mirror）进入官网下载软件后安装。

（2）电脑上 ApowerMirror 运行后的界面如图 4-10-5（苹果）和图 4-10-6（安卓）所示。左侧是主界面，右侧是工具栏，可以设置"置顶"。在主界面的上端提供了两种手机与电脑的连接方式："WiFi 连接"和"USB 连接"。安卓手机和苹果手机有不同的连接方式。连接后可以设置全屏。

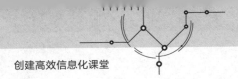

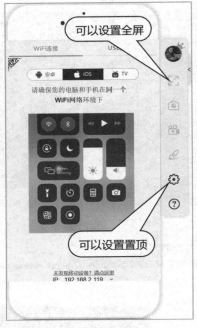

图 4 - 10 - 5

图 4 - 10 - 6

2. 苹果手机投屏

（1）苹果手机的界面。打开苹果手机，进入控制中心，选中"屏幕镜像"（屏幕镜像功能能使屏幕和手机界面显示的画面完全相同），找到自己的电脑选中即可，如图 4 - 10 - 7 所示。

（2）电脑界面。手机投屏到电脑上后，电脑上投屏软件 ApowerMirror 右边工具面板上各功能被激活，可进行全屏、截图、录像等操作。点击设置按钮，可以进行相应的设置，如图

图 4 - 10 - 7

图 4 - 10 - 8

4-10-8所示。一般采用默认设置即可。

（3）全屏投屏。在工具栏中点击全屏按钮，在 WPS 的应用中，点击"投影文档"（见图4-2-20），即可在电脑上全屏播放所选文档。投影的界面如图4-10-9所示，界面右边有工具栏供用户使用。

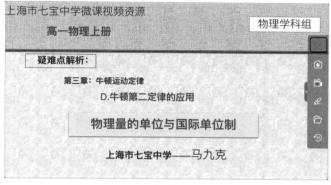

图 4-10-9

3. 安卓手机投屏

（1）下载手机 App。在手机应用市场下载安装傲软投屏软件ApowerMirror 的 App，如图4-10-10所示。

（2）先在电脑上打开 ApowerMirror 软件，并在手机上打开 App后，点击"投屏"按钮，即开始搜索自己的电脑，连接后选中"手机投电脑"即可，如图4-10-11所示。如果选择"电脑投手机"，则电脑的画面在手机上呈现，在手机上可以用手指代替鼠标操控电脑。

图 4-10-10

图 4-10-11

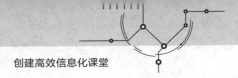

（3）使用投屏码连接或扫码连接。

除了"搜索连接"外还可以利用"投屏码连接"或"扫码连接"。

① 在图 4-10-6 所示界面左上角点击二维码图标呈现按钮，电脑上会呈现二维码和投屏码，如图 4-10-12 所示。

图 4-10-12

图 4-10-13

图 4-10-14

② 在图 4-10-11（左图）所示界面中点击扫码图标后，可以利用"投屏码连接"或"扫码连接"进行手机与电脑的连接，如图 4-10-13 所示。连接后出现已连接好的界面，如图 4-10-14 所示，点击右下角的"应用"按钮，有更多操作供选择。

三、利用投屏器投屏

前面的方法都是通过电脑把手机画面投射到屏幕上，也可以利用投屏器直接把手机画面投射到屏幕上。投屏器适用于普通幕布、电子屏幕以及老式电视机。不同产品的使用方式有差别，一般有手机镜像和手机视频播放 App 投屏两种方式。

1. 连接的方法

（1）投屏器与设备连接。一般投屏器一端连接设备（如电视机）的 HDMI 高清接口，另一端通过 USB 接口给投屏器充电，如图 4-10-15 所示。不同投屏器的样式和连接方式不同。连接后调整设备上的频道，如图 4-10-16 所示。不同设备频道调整的方法是不同的

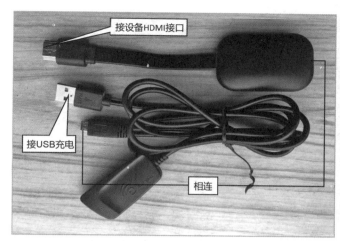

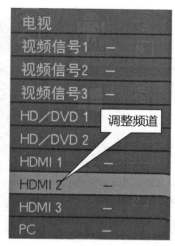

图 4－10－15

图 4－10－16

（此处使用的设备是 2003 年出厂的有 HDMI 接口的索尼电视机）。

（2）当连接好后，设备界面出现热点的 SSID 号和连接的密码，如图 4－10－17 所示。不同投屏器设备出现的界面是不同的。

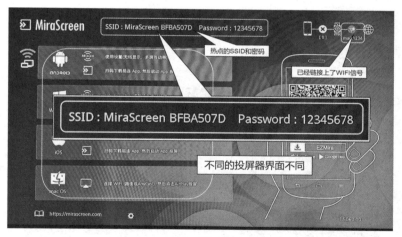

图 4－10－17

（3）在手机上像搜索其他 Wi-Fi 信号一样搜索投屏器的热点（即投屏器发出的信号），并输入密码，使投屏器与手机间建立连接关系，如图 4－10－18 所示。连接后在手机上上网观看视频时再切换到自己的无线 Wi-Fi 信号或自己的移动网络。具体连接方式参见产品说明书。

2. 手机镜像投屏

（1）苹果手机连接的方法。在手机上进入控制中心界面，如图 4－10－7 所示，点击"屏幕镜像"，找到自己的投屏设备热点信号选中即可，如图 4－10－19 所示。

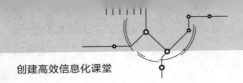

图 4 - 10 - 18

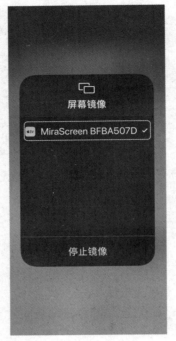

图 4 - 10 - 19

（2）电视机上的镜像画面。如图 4 - 10 - 20 所示，手机和电视上的画面完全相同。

图 4 - 10 - 20

　　（3）镜像模式下的全屏显示。在镜像模式下，将 PowerPoint 文件（或 Word 等文档）利用 WPS 打开后，点击上面的四个小方块工具图标，选中"投影文档"，即可全屏显示文档，如图 4 - 10 - 21 所示。

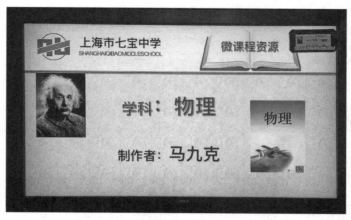

图 4-10-21

（4）安卓手机连接的方法。在手机界面下拉，选中"无线投屏"，然后选择设备的热点信号（不同设备是不同的），连接即可，如图 4-10-22 所示。这时就可以镜像投屏了。

图 4-10-22

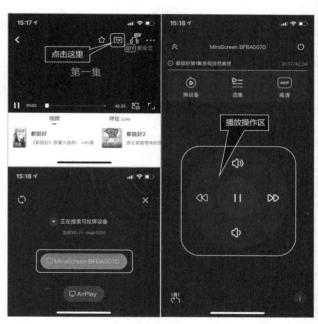

图 4-10-23

3. 手机视频播放 App 投屏

手机上有很多视频播放 App 软件，如爱奇艺、优酷、腾讯视频等，当打开视频进行播放时，小屏幕界面的右上角往往有一个投屏按钮。点此按钮即可与设备连接。在播放的界面中可以进行快进、暂停、音量增大或降低等操作，如图 4-10-23 所示。这种播放模式下，手机可以继续进行其他操作。

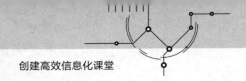

四、LED 翻页笔

在放映 PowerPoint 幻灯片时,常用的激光翻页笔会把激光束直接射向屏幕,对于幕布这种方法是可行的,而现在很多投影设备都使用 LED 电子屏幕,用普通的激光翻页笔投出的光点让人很难看清,使用 LED 翻页笔可以解决这个问题。它的光点不是直接投射到屏幕上的,而是通过电脑投屏到 LED 电子屏幕上的,这不仅解决了普通激光翻页笔在 LED 电子屏幕上投射不清楚的问题,还可以实现在多个设备上显示翻页笔的效果,并且有放大和聚光的功能,如图 4-10-24 所示。

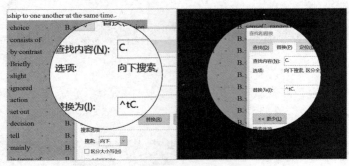

图 4-10-24

第 五 单 元

课堂教学
案例分享

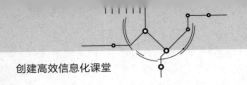

实施所谓的"信息化课堂教学改革"的学校众多，多数学校称信息化课堂为"智慧课堂"，可是看不到课堂"智慧"在哪里；还有的称之为"实验班"，可是做了几年也没有任何实验成果。信息化课堂教学改革是一场革命，因此需要大量实践、研究和探索。已经取得成功经验的案例学校，它们在实施信息化课堂教学改革中探索的过程、遇到的问题、失败的教训和成功的经验，都值得我们去研究、借鉴、参考和学习，以使我们在改革实施过程中少走甚至不走弯路。本单元较详细地介绍了一所民办初中实施信息化课堂教学的改革之路。

目前在信息化课堂教学改革中，全国做得比较好的应该首推河南科达教育集团中的浚县科达中学。自 2014 年开始，作者把该校作为实践基地进行信息化课堂教学改革的实践研究，从教师的教育理念到微课程视频制作技术，从课堂教学应用到听课评课指导、参与课程研讨等对该校进行了全方位的培训指导，目前已经取得了非常好的成效，并引起了教育部和中央电化教育馆相关部门的关注。引用中央电化教育馆副馆长韩骏先生 2019 年 12 月在鹤壁召开的教育部"网络学习空间人人通"专项培训班开班式上说的一句话：在信息化技术与课堂教学深度融合的教学实践中，这个学校是全国做得最好的。目前全校 76 个教学班 4 300 多名学生，人手一台平板电脑，所有年级所有学科全方位地实施了信息化课堂教学改革，取得了很大成效。作者以浚县科达中学为实践案例的《教育信息技术助推课堂教学变革的实践研究》科研成果获得上海市级教学成果特等奖，并获得国家级教学成果二等奖，如下图所示。他们把信息技术工具深度融入到课堂教学中，激发了学生学习的积极性，极大地提高了学习效率，提高了教学质量。不少到该校参观学习者纷纷表示，终于看到了心目中的理想课堂。对在全校各班课堂上都看不到不学习的学生的现象，他们纷纷感到震惊："全体学生都在积极主动地学习，教学成绩想不提高都难。"那么他们是如何把信息技术手段与课堂教学深度融合取得如此骄人成效的呢？本单元将对此系统介绍。扫描书后面的二维码即可下载观看该校各学科的课堂教学实录视频，让读者实实在在地感受和体验信息化课堂到底是什么样的结构模式。

第一课　项目实施背景

一、学校基本情况介绍

浚县科达中学隶属于河南科达教育集团，是一所县城中的民办寄宿制初级中学。2001年建校之初，该校就注重学生的自主学习与互动讨论交流，自2004年首届学生毕业以来，升学率连续15年稳居全县榜首，在周边县市名列前茅。自2014年起，该校开始探索教育信息化的课堂教学改革，并陆续为全校学生人手配备了一台平板电脑，搭建了校园万兆无线网络环境，部署了智慧教学云平台，开展了教师和学校管理人员信息技术应用能力的全员培训。学校现有76个教学班，4 300多名学生，分为东、西两个学部，所有年级所有学科全部实施了信息化课堂教学。

二、教学改革历程回顾

浚县科达中学建校之初，坐落在浚县善堂镇，硬件设施落后，师资力量薄弱，招聘的大部分教师是当时的"民师"，学生基础差，素质良莠不齐，甚至还有辍学多年重新就读的学生。为了在困境中求发展，学校实行了课堂教学改革，先后经历了"快乐高效"课堂教学改革元时代、将单元学习任务整体推送给学生的"单元教学法"课堂教学改革1.0时代、"三位一体"课堂教学改革2.0时代，直至现在依托互联网智慧教学3.0时代。

1. "快乐高效"课堂教学改革元时代

实行"快乐高效"课堂教学改革（2002年—2005年）的时代，教师们需要制作"导学案"，把学习目标、学习任务、探究任务、随堂检测题等印在"导学案"上，课前发放给学生，学生依据"导学案"展开学习。课堂上，教师根据学生学习"导学案"的情况进行教学，实现了先学后教，学生可以提前进行自学。但是缺点也很明显，学生仍然是在教师圈定的框架内进行学习，不能满足学生的个性化学习要求。

2. "单元教学法"课堂教学改革1.0时代

2006年，学校为每位教师配备了一台电脑，教师们积极使用PowerPoint课件和班班通进行教学，进入了教学改革"单元教学"1.0时代（2006年—2009年），教师将整单元的教学设计，包括学习目标、问题导学、难点解析、课时训练、单元测试题等，通过班班通或其他网络平台发送给学生，学生先自主学习，然后做课时训练和单元测试题，最后，教师根据抽查所得学生的做题情况，判断授课点，进行单元解疑。在尝试过程中，发现此种教学法也存在不足：

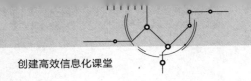
一是教师不能及时得到学生的学习反馈，不能做到师生随时互动；二是会出现学生"吃不饱"或"吃不了"的现象；三是整体推送学习内容，会让学生无所适从。

3. "三位一体"课堂教学改革 2.0 时代

2010 年—2013 年春季，学校尝试了"三位一体"教学法，将课堂教学划分为导学、自学、助学、检测各部分，教师课前将导学案发放给学生，课堂上教师先进行导学（就是导入），学生根据教师设计的导学案进行自主学习，如果在学习中遇到困难可以寻求教师帮助，也可以寻求同学帮助，最后做检测题。这种模式的局限性在于，学生无法自行选择学习内容的多少与深度，制约了一部分学有余力的学生发展；在助学环节，学习困难的学生很难得到同伴的帮助，优秀生只顾自己，教师辅导的难度加大；虽然教师在课前给每位学生发放了一张"学情调查表"，让学生根据实际情况填写，但是，审阅大量表格加大了教师的工作量，而教师也并未从调查表中清楚了解学生的学情，并且，填写"学情调查表"也增加了学生的负担。

4. 互联网智慧教学 3.0 时代

民办学校面临的共性问题是：师资力量薄弱，教师流动性大，优质教学资源无法传承。反思多年来学校虽然一直在进行课堂教学改革，一直在寻找能突出学生的主体地位与教师的主导地位，让学生在交流、探究、合作中学习的教学方法，但是都没有实现理想的课堂教学。教育信息化的到来，加快了学校课堂教学改革的步伐。学校总结了以往教学改革过程中的经验教训，2014 年，借助 ESWI 智慧教育云平台，融合创建了具有本校特色的"6131"信息化课堂教学模式，开启了个性化、自主学习、先学后教、以学定教的教学改革 3.0 时代。

第二课 实施过程中的工作流程

在信息化课堂教学改革的实践历程中,学校做了大量工作,经历了很多意想不到的困难、艰辛、磨难与无奈,但是遇到问题解决问题,义无反顾勇往直前。

一、 搭建网络环境

2014 年尝试信息化教学之初,学校和北京一家公司合作,他们为学校搭建网络平台,提供硬件,但在运用中出现了掉线、卡顿、不能与课堂有机融合等现象,为此终止了合作。学校后来又与上海一家公司合作,也出现同样的问题。同时对全国多家课堂教学网络平台研究后发现,所接触的平台绝大多数都是针对传统课堂教学使用的,与学校的这种课前学生自主学习、课堂互动交流讨论的教学模式不相适应。为此学校开始自己研发平台,2015 年平台正式上线,原来教学中的所有问题得以解决,并且平台运行稳定,目前使用的教学平台能够与学校的课堂教学模式充分融合。

二、 转变教师观念

转变教师的教学观念至关重要。学习是转变观念的最好方法,因此学校开展了一系列的校本培训活动。

1. 走出去、请进来

组织学校骨干教师积极主动参加全国相关的培训学习会议,并到重庆聚奎中学、昌乐一中、郑州二中、温州中学、温州四中、温州实验中学等名校参观学习、拜访名师专家。学校还先后邀请了全国教育信息技术专家祝智庭、马九克、查建中、黎世法、刘名卓、邹越、陈绍军、贾建设、涂洪亮等到校讲课。不仅组织教师学习教育教学理论,还进行教师信息技术应用技能的理论和操作培训,提高教师信息技术应用的能力和水平。

2. 学习教育理论书籍

给教师推荐教育教学理论书籍进行理论学习:如《道尔顿教育计划》、《自主学习法》、《翻转课堂与慕课教学》、《混合式学习》、《学校转型》、《地平线报告》等,并推荐名师博客、慕课网站供教师进行网络学习。

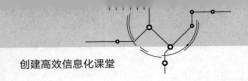

三、 制作课程资源学习包

制作数字化课程资源学习包是实施信息化课堂教学的重要一环，课程资源学习包是学生自主学习质量的有力保障。学校对教师进行信息技术应用技能培训后，又组织教师制作了课程资源学习包。

1. 学习包制作的组织形式

（1）成立研究组。

① 分为语文组、数学组、英语组、理综组、文综组。

② 东、西学部七、八年级每组各选一名研究员。

（2）明确研究组的职责。研究教育改革中遇到的具体课题，并负责对教师进行培训，如研究学习包制作方案及范例、学生自主学习流程、教师个别指导的方法等。

（3）选拔组员。组员选拔的标准：有锐意改革的意识，有研究和创新的精神，有较高的信息技术水平。

2. 学习包的制作流程

为了保证学习包制作的质量，学校建立了严格的学习包制作教研机制。学习包制作流程如下：独立研究教材→小组制作学习包→备课组研讨学习包→学部间互改学习包→备课组长审核学习包→上传学习包。

第三课 信息化课堂教学模式

信息化课堂教学的关键是要建构课堂教学模式。课堂教学模式要突出"以学生为主体，以教师为主导的"课改新理念。经过专家的指导，结合学校的实际情况，科达中学形成了符合学校学情的"6131"课堂教学模式。

一、"6131"教学模式总述

1. "6131"课堂教学模式的具体内容

（1）"6"指自主钻学、同伴互学、问题导学、微课助学、精准帮学、以评促学六种学习策略。

（2）"1"指一个数字化自主学习资源包。

（3）"3"指"三讲"：讲什么、给谁讲、谁来讲。

（4）"1"指一个针对性较强的练习。

2. 突出学与思、讲与练的教学策略

"6131"教学模式以六学策略为途径，以一个数字化自主学习资源包为资源，根据大数据确立"讲什么、给谁讲、谁来讲"，并根据大数据拟定具有针对性、富有个性化的巩固练习。"61"是学与思的过程，"31"是讲与练的结合。此模式比较完美地体现了教与学相结合，思与创共生成，主体与主导共参与的现代教育理念。

二、"6131"教学模式的基本原则

1. 主体回归原则

科达中学"6131"教学模式追求把课堂还给学生，让学生由学习的"参与者"变为学习的"主体"，真正体现了新课标提倡的"让学生成为课堂的主体"的教育理念。在课堂教学中，要求教师既要培养学生刻苦的钻研精神，又要考虑如何调动学生的积极性，使情感、兴趣、愿望、动机等对智力活动产生促进作用。主体回归原则使课堂上呈现出学生主动学习的生态场面：学生要么冥思细读，要么静心钻研，要么两两商讨，要么三五辨思，要么登台讲解，要么主动质疑。同时，主体回归原则要求教师尽量不干预学生学习。

2. 构建学习共同体原则

传统教学模式中的课堂是"一言堂"，教师滔滔不绝地讲，学生昏昏欲睡地听，所以教学

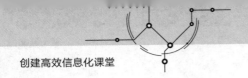

效果极差。这主要是由教师角色定位错误造成的，学习本来是学生的事情，教师却包办，造成学生依赖教师、被动学习的状态。科达中学的"6131"教学模式坚持教师与学生是学习的共同体原则，教师和学生一起参与到学习中，共同发现问题，质疑解惑。在学习共同体原则下，教师并未退居幕后，而是共同参与，并未袖手旁观，而是援疑质理。在学习过程中，既然教师和学生是学习的共同体，那么学生可以质疑老师，可以向老师提出自己的观点和看法，也可以和老师展开辩论。教师此时一定要改变传统的高高在上的姿态，把自己放在和学生平等的位置，与学生共同学习共同进步。

3. 学习终端工具性原则

（1）学习终端即工具。科达中学每个学生手中都有一个学习终端，运用好了可提高学习效率，运用不好则会干扰学习。为此学校提出"学习终端工具性原则"，就是每个学生要把学习终端当成学习工具，帮助自己解决疑难，开辟思路，绝不依赖，不被其左右和束缚。

（2）终端学习的流程。在这一原则的指导下，学校专门制订了一套有效利用终端学习的流程：打开平板→查看学习目标→学习课本→圈点勾画→提出问题→合作解疑→看平板（深钻学材，问题导学）→看微课、听音频→做效果检测。

4. "6131"教学模式实施的基本途径

（1）六学策略，帮助学生顺利学习。

① 问题导学：就是教师在充分了解学情的基础上，将学生不会学、不知道如何学的学习内容设计成问题，引导学生自学的策略。这里的问题有两类：一类问题是老师设计的，另一类问题是学生在自主研学过程中自己生成的且无法解决的。这一学习策略是对自主钻学的补充、延伸。问题导学，"学"是核心，"导"是关键，"问题"是载体，教师要做到"导"而不包办，"导"而不代替，"导"只是导过程，导方法，导思路。问题的设计要层层推进，步步深入。

② 自主钻学：就是学生利用自主学习资源包开展自主学习，在学习过程中，通过圈、点、勾、画、批，提出问题，解答问题的策略。自主钻学，学习是核心，自主是形式，钻学是关键，它是伴随思维的过程。

③ 同伴互学：就是学生在学习过程中遇到问题思而不得解时，寻求帮助、互助学习的策略。同伴互学将两两互学、小组研讨学习与自主学习有机结合，通过交流研讨、互相帮助，达到共同提高的目的。同伴互学的形式有对学、群学、组内互学、组间互学等。同伴互学，"学"是核心，"相互"是保障，"问题"是关键。同伴互学的保障措施是学习小组激励评价机制。教师借助网络云平台，推送针对重点、难点讲解的微课，学生利用学习终端，进行个性化的、随时随地反复学习的策略。学生利用微课学习不受时间和空间的限制，真正做到了"我的学习我做主"。

④ 微课助学：就是利用微课视频帮助学生学习。微课视频可以由教师自己讲解并录制，也可以从网上下载，还可以由学生讲解录制。

⑤ 精准帮学：就是教师根据网络云平台的数据反馈和教师在个别指导中发现的问题，而采取的精准帮扶学习策略。在自主钻学、问题导学、同伴互学的学习策略中，教师与学生

构成学习的共同体，是学习的参与者。在精准帮学学习策略中，教师又是学生学习的引路人。精准帮学，"学习"是核心，"精准"是关键。做到"精准"的依据，一是教师对学情的准确把握，二是网络平台的数据反馈。

⑥ 以评促学：就是教师设计检测题，学生自己检验学习效果的学习策略。它是学生进行再学习的依据，同时也是课堂老师"讲什么"的重要依据。

（2）一个学习包。

① 一包指的是学生自主学习的数字化课程资源包。自主学习资源包是以课标为依据，以课本为基础，以课题为单位的数字化课程资源。通过购买引进、合作共建、自主开发等多种方式，学校设计了一整套集学材、习材、创材为一体的全学科数字课程。自主学习资源包以问题为导向，以目标为牵引，将素材资源、学习流程、成效检测、教学评价、实践活动整合为一体，并以文档、图片、音频、视频、动画等多媒体形式呈现，实现了导学流程化、内容结构化、学习互动化。

② 资源包结构形式是：课题、学习目标、理解教材、深钻学材、应用练习、归纳总结、效果检测。

（3）科学判定"三讲"帮助学生解疑释惑。

"6131"教学模式中"三讲"是一个教学过程。根据网络平台反馈的数据，确定"讲什么"；根据所讲内容的难易程度，确定"谁来讲"和"给谁讲"，是教师讲还是学生讲：难度不大的基础知识由学生讲，有一定难度的知识由教师采取引导启发式讲解。

（4）个性化的一练巩固学习效果。学生学习结束后，教师根据平台的数据反馈和个别指导所得数据，精准制订个性化练习，巩固学生学习效果。所谓个性化，就是分别、分类型进行个体推送，达到适合各类学生学习的目的。

三、 实施的基本方法

1. 学生自主学习法

"6131"教学模式对于学生是个全新的事物，为了能帮助学生快速适应，在教学的探索实践中，学校总结出了一套适合于各学科学习的"学生自主学习法"。它包含：自主学习流程，自主学习符号，自主提问法等。学校专门编写了《学生自学指导手册》详细地指导学生自学，还总结出了学生提问题的"六何问题法"，帮助学生自主提出问题。对于初入学新生，要进行五至七天的学习流程的集中训练，让新生知道自主学习的方法以及信息化课堂教学的流程。

2. 小组合作学习法

"6131"教学模式以学生自主学习为主，就带来了"如何保证学生有效乃至高效自主学习"的问题。青少年学生的普遍特点是多动、做事持久性差、不专注、目标不明确、动力不足，这个问题若不解决，"自主学习"就是空谈。为了解决这一问题，学校总结出了一套"小组学习合作法"。每六人一组，班级在分组时确保每个学习小组的总体成绩基本相同，六人按学习成绩优秀、中等、较差分为 A、B、C 三类,座位的排列如图 5-3-1 所示。

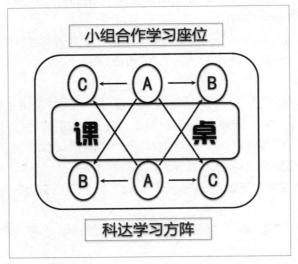

图 5-3-1

这样排列,中间的每一位优等学生,既能帮助自己左右两边的学生,也能够帮助对面两边的学生,更可以与正对面的优等生讨论交流。这种小组座位排列法,可以使小组间的同学们更加充分地合作交流、相互帮助,并通过小组集体的评价考核机制,使得全组同学互相激励、相互影响、相互监督,以起到共同进步、共同提高的作用。

学习小组的建设及考核激励的管理机制是课堂中学生们相互讨论交流、思辨质疑,调动学生参加课堂教学积极和主动性的根本保证措施。

3. 榜样激励法

激励法是为了让学生在自主学习的过程中始终保持自主学习的习惯和旺盛的学习精力。激励学生的方法有很多,如榜样激励法。榜样激励法就是利用身边生活中以及古今中外的名人的事迹去感染学生。榜样人物可以是学习方面的,精神方面的,也可以是道德方面的。利用信息技术定时推送,每天向学习终端上传一个榜样人物,学生早上打开学习终端第一眼看到的就是榜样人物的事迹,天长日久定会耳濡目染,也终会向其学习并取得进步。

4. 以评促学法

以评促学法就是教师设计检测题,学生自己检验学习效果,然后学生进行再学习的学习方法。借助于线上的学习交流平台,学生可以获得针对整张考试卷,甚至于每一道题的详细的数据分析,还能够利用线上的通关式检测得到一些信息,从而了解自己在学习过程中存在哪些问题,通过分析找到努力方向,有效地促进学习。

以评促学法和激励法有效结合可以使学生始终保持高涨的学习动力和学习热情。

四、教学环节中的"精准讲、练、评"

"精准讲、练、评"是"6131"教学环节中的重要部分,它是在学生自主学习基础之上进行的课堂教学环节,它决定着一节新课学生最终学的精度、深度和广度。这一环节需要师生密切配合共同完成。

课堂教学环节设计的理论基础是"先学后教,以学定教",因此它的前提条件必须是学生已经进行了充分的课前自主学习,同学们已经对新课有了整体认识和基本了解或掌握,并且他们的详细学情也已经通过几种途径反馈到任课老师教学系统上。这为课堂教学中的"精准讲、练、评"提供了依据。

1. 了解学情精讲

(1)确定精讲内容。首先要了解精讲的内容。学生在课前自主学习阶段,通过完成系统平台自主学习资源包中的"应用练习"和"效果检测"两个模块的相关习题,达到检测和自查的目的。对于选择题形式的客观试题,学生做完习题提交后,系统会立即显示数据统计结果,教师可通过平台数据轻松掌握学生的情况,并以此确定精讲内容。精讲的内容多集中在重点、难点、易错点、易混点上。另外,精讲中不仅要讲知识,还要讲解题规律、学习方法和解题技巧,进而使学生在学习中能够举一反三、触类旁通。

(2)确定精讲对象和精讲人。

① 给谁讲?"谁不会给谁讲",可以对全班学生精讲,或对部分学生、对小组组长、对某个学生进行特殊讲解等。

② 谁来讲?可以分为以下几种形式:老师讲、学生讲、小组讨论。对于错误率高的、涉及到重难点的问题,由教师在课堂上讲,或录制成微课视频让学生自主学习;对于错误率一般的,课上可以交由本科目学习程度比较好的学生来讲,课下可以再针对这些题目将老师或者学生讲解录成微课视频、音频,放到平板上供学生随时随地反复学习;对于那些错误率低的,可以交给各小组组长来讲,小组组长解决不了的可以进行组内讨论甚至组间讨论。

2. 根据问题精练

"练"不是采用题海战术大量训练,所谓"精练",首先要根据教学内容中的重点和难点,确定练习的内容。由于练习是在学生自主学习、交流讨论互动、老师又精讲后的基础上进行的,所以要把握练习题的难易程度。测试题的形式可以多样化,可以利用系统自动批改的选择题,也不排除使用纸质的测试题等,但都要规定解题时间,及时评测给出相应评价,促进学生学习。精练一般是针对全班学生进行的,但是还应照顾到不同学生的情况,如对某些学生精准推送试题。

3. 即时评价反馈

正确的评价方式能让学生获得成就感,以评促学。把班内学生分成若干个组,最好以组为单位进行评价。课堂上要即时评价,要有记录有反馈,不论是课前设计好的问题还是课堂

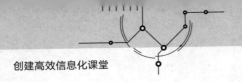

上的随机问题,都要先提出问题,给学生留有思考的时间,最好所有问题都经过小组讨论后,由一个学生代表全组发言。要注意提出的问题不能过于随意,要有一定的深度,小组讨论学生代表回答问题后,一定要即时给予客观公正的评价,可以根据所回答问题的难易程度以计分的方式给予评价,并请课代表记录分数。有多种评价方式,如教师评价学生个人,教师评价小组或小组长,学生个人之间互相评价,小组之间互相评价等,可在实际课堂中选用。

　　课堂评价把激励机制、竞争机制、奖惩机制引进课堂,不是为了奖惩,而是为了激励和促进,因此要尽量公正、客观、精准,可利用信息技术工具即时统计反馈。这样既满足学生的心理需求(人人都想被肯定被表扬),又使评价作用最大化,并可作为期末学生平时成绩的一部分。

第四课

整体参与必见成效

信息化课堂教学不单是信息中心部门的事，也不单是教务部门的事，全校都要联合行动，只要全校一盘棋整体行动，就一定会有成效。

一、 创新育人模式立德树人

学校将德育工作融进智慧教育网络环境中，创建了"晨钟暮鼓"和"三省教育"的自我教育模式。学生坚持"吾日三省吾身"，规范言行举止，养成良好习惯，树立正确的人生观、价值观。

1. "晨钟"

"晨钟"即智慧教学云平台按每月的德育主题为学生推送一个榜样人物图像和与这个人物相关的故事等。学生每天第一次打开平板时，映入眼帘的便是榜样人物的形象，接着会了解到榜样人物的事迹，使学生受到激励、感染。平台所推送的榜样人物有学校历届优秀毕业生、有古今中外的历史名人等，学生每天耳濡目染，沉浸在榜样的熏陶中，倍受激励鼓舞，学习动力得到提高，情操得到陶冶。

2. "暮鼓"

"暮鼓"即学生每晚要在智慧平台上写好"三省日记"，对一天的学习、生活进行自我反思和总结。学生每天坚持不懈，日日自省，并接受老师和同学的监督，天长日久，好习惯自然形成，学生更自主、更自觉、更自立，同时写作能力也得到了提高。

3. 丰富多彩的创意实践活动

学校还联合华东师范大学打造学校的创客空间，开设有 3D 打印、创意电子、Scratch 编程等课程。例如学校开设的集设计和 3D 打印于一体的"边学边做"课程，由学生亲自动手，将数学、物理课中的众多抽象概念转化为实际的模具、装置和电路，这些丰富多彩的创意活动，有效激发了学生的创新和探究意识，提高了学生的学习兴趣和动手能力。

二、 开发多种课型丰富课程体系

"6131"信息化课堂教学的特点是"精准、个性、思维、创造"，本着个性、全人发展的理念，学校在教学实践中开发了以"学法交流课"、"讨论课"、"三省感言交流课"为代表的多种课

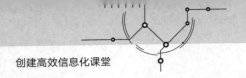

型,使学生的逻辑思维能力和语言表达能力得以发展和提高。下面是几种课型的介绍:

1. 学法交流课

"6131"教学模式下的学法交流课,是学生在自主钻学的基础上通过学生自己总结、归纳,交流、分享学习方法的一种课型。

2. 讨论课

"6131"教学模式下的讨论课是在学生自主学习中,教师通过云平台统计学生学习过程中出现的疑难问题,再由教师通过平台将问题抛给学生讨论而形成的一种课型。讨论课的形式多种多样,主要有同伴交流、组内讨论、组间讨论、师生辩论等形式。

讨论课提升了学生的语言表达能力、合作沟通能力,培养了学生的思考能力、思辨能力。在日常的讨论课中,学生养成了创新思维习惯。

3. 三省感言交流课

"6131"教学模式下的三省感言交流课,是学生展示、交流三省感悟的一种课型。为了使学生们具有良好的生活和学习习惯,学校开创了三省感言交流课,学生每天写下自己的当天目标,并在晚上自查、自省,反思所得、所失,进而达到有所悟。

在每周的三省感言交流课上,先以小组为单位交流,然后每小组推荐一至两名学生向全班同学分享自己的感悟。通过分享三省感悟的活动,学生提高了自我反省能力和自制能力,学生在反思中进步,在感悟中成长。

三、 课改取得了显著成效

1. 提高了课堂效率,培养了学生思维能力

"6131"信息化课堂教学模式,真正地将"以学生为主体,以教师为主导"的新课标理念落到了实处,学生变被动学习为主动学习,由原来在目标的指引下"学会",变成不仅在目标的指引下"学会",而且能力得到提升发展至"会学"。这种信息化课堂教学,提升了学生的语言表达能力、交流沟通能力、协作配合能力。学生在自主学习的前提下,带着问题进课堂,带着疑惑听讲解,精神专注,注意力集中。由于学生在自主学习的过程中掌握了基础知识,教师在课堂上不用再重复讲解,教师带着学生的问题精讲,学生带着问题认真听讲,课堂效率大大提高。学生主动进行自主学习与小组合作学习,学习积极性高,思维灵活,其多元思维、发散思维、创新思维的能力得到提高。

2. 把握学情精准教学,学生成绩大幅提高

由于传统的课堂教学模式是教师讲学生听的满堂灌模式,教师讲什么学生听什么,对于成绩好的学生,相当多的内容教师即使不讲他们也懂、也会,而对于成绩较差的学生,很多内容教师讲过一遍他们还不懂,讲授内容针对性不强,对学生个体针对性不强,因此教学效率

不高,效果较差。而信息化课堂教学充分利用信息技术手段,快速反馈学情,使得课堂教学更加有针对性,提高了教学的效率。同时,这种以学生为主体的课堂教学培养了学生的自主学习能力、思考探究能力、语言表达能力和团队协作精神,学生的综合素质和综合能力各个方面都得到了培养、锻练和提高,学生成绩的提高是必然的。用众多参观学习者的话说,课堂教学令人震撼,全班看不到不学习的学生,在这种课堂教学模式下学生成绩想不提高都不行。

河南鹤壁高中是全市五个区县中唯一一所首批获得"河南省示范性高中"称号的学校,每年招收宏志班(即重点班)学生110名。下面的表格中显示了科达中学全年级实施信息化的课堂教学改革以来的第一届(2017届)毕业生与2016届毕业生被鹤壁高中宏志班录取的情况。由于学校多年来在课堂教学中非常注重学生的课前自主学习、课堂互动交流讨论,教师精讲学生精练,所以在学生没有使用平板电脑进行全面信息化课堂教学改革的情况下,科达中学2016届毕业生被鹤壁高中宏志班录取的人数达13人,超过了当年宏志班录取总人数的十分之一。而2017届毕业生,经过三年使用平板电脑的信息化课堂教学,在鹤壁高中宏志班招生数不变的情况下,被录取了37人,超过了当年宏志班录取人数的三分之一,如表5-4-1所示。在全年级学生全方位开展信息化课堂教学的2017届和2018届,高分学生相比2016届明显增多,如图5-4-1所示。信息技术工具使得他们在课改中已经取得成效的基础上再创佳绩。

表5-4-1

年份	鹤壁高中宏志班招生人数(人)	科达中学被录取人数(人)	科达中学占录取比	科达中学占录取比增长率
2016	110	13	11.8%	
2017	110	37	33.6%	185%

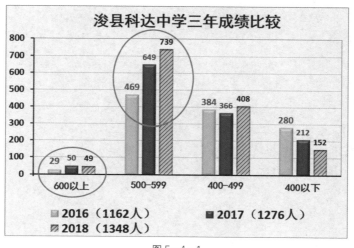

图5-4-1

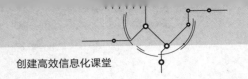

3. 取得显著成效获得诸多荣誉

开展信息化课堂教学几年来，浚县科达中学取得的显著成效得到了教育部、中央电化教育馆等相关职能部门的高度赞誉。教育部原副部长杜占元、联合国教科文组织的官员等均曾到该校考察。该校2017年入选教育部在全国遴选的60所基础教育信息化应用典型案例学校；2018年入选教育部18个教育信息化教学应用实践共同体项目学校（是其中的六个翻转课堂共同体项目学校之一）；2019年被教育部确定为"网络学习空间人人通"专项培训基地学校，是全国26所培训基地学校中唯一同时承担教师和校长培训任务的学校。2020年5月，该校作为全国两个案例学校之一，被写入国家教育部申报的联合国教科文组织教育2030可持续发展成果案例征集材料中。

学校还积极开展教学研究活动。

2017年4月的教育部课题《深度课堂校本实践研究》结题获得一等奖。

2017年8月的教育部课题《教育信息技术助推课堂教学变革的实践研究》结题获得国家级教学成果奖二等奖。

2019年8月立项的河南省教育厅课题《6131智慧教学模式下的大数据学科测评研究》正在研究过程中。

第五课

教学设计案例

一、语文教学设计案例：《送东阳马生序》

<table>
<tr><td colspan="7" align="center">第一部分　基本信息及教学分析</td></tr>
<tr><td>教师</td><td>韩尚妍</td><td>学校</td><td>浚县科达中学</td><td>年级、班级</td><td colspan="2">九年级</td></tr>
<tr><td>学科</td><td>语文</td><td>课型</td><td>"31"阶段（第二课时）</td><td>教学内容</td><td colspan="2">《送东阳马生序》</td></tr>
<tr><td>教学目标</td><td colspan="4">1. 知识与技能：
（1）进一步积累文言词汇和文言特殊句式；
（2）理解课文内容，把握人物形象，领会全文主旨。
2. 过程与方法：
在朗读课文的基础上，疏通文意，理解课文内容，明确文章主旨。
3. 情感、态度与价值观：
体会宋濂虚心求教尊师好学的优秀品质</td><td>对应的学科核心素养目标</td><td>1. 把握赠序的文体特点。
2. 品味多种表现手法的运用。
3. 理解在对比中见精神的写法</td></tr>
<tr><td>学情分析</td><td colspan="6">此班作为毕业班中的普通班，虽然学生已经学过一些文言文，也具备了初步学习文言文的能力，但大多数学生的基础还是比较差的，动口动手的能力也较弱，并且不善于思考、不善于想象，缺乏正确的学习方法与良好的语文学习习惯</td></tr>
<tr><td>教学重难点</td><td colspan="6">重点：通过对描写句的赏析，体会文章细节描写的妙处和对比手法的作用。
难点：1. 探究宋濂成功的原因，培养学生积极向上的情感。
　　　2. 把握宋濂人物形象</td></tr>
<tr><td>教学思路</td><td colspan="6">学习目标——初学教材——深钻学材——应用练习——归纳总结——效果检测</td></tr>
<tr><td>学习包及自主学习任务单设计</td><td colspan="6">学习包设计：
按照"61"阶段所需要的材料进行设计（导入、学习目标、初学教材、深钻学材、应用练习、归纳总结、效果检测）。

学习目标
1 借助注释和工具书理解文章大意，积累文言词汇，提高文言文的阅读能力。
2 通过对描写句的赏析，体会文章细节描写的妙处和对比手法的作用。（重点）
3 探究宋濂成功的原因，培养学生积极向上的情感。（难点）

初学教材　送东阳马生序——宋濂</td></tr>
</table>

（续表）

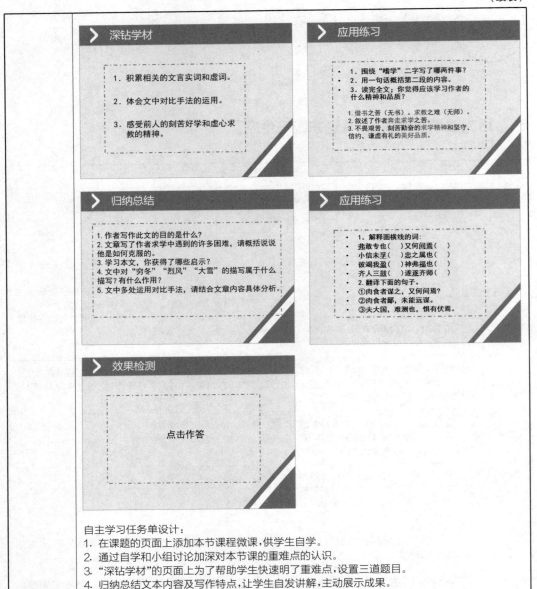

自主学习任务单设计：
1. 在课题的页面上添加本节课程微课，供学生自学。
2. 通过自学和小组讨论加深对本节课的重难点的认识。
3. "深钻学材"的页面上为了帮助学生快速明了重难点，设置三道题目。
4. 归纳总结文本内容及写作特点，让学生自发讲解，主动展示成果。
5. 通过习题测验，检测学生对学习内容的掌握情况

课前学习准备	复习重点字词及语句的注释及翻译

第二部分　教学过程				
时间分配 （分钟）	教学环节及内容	教学过程		信息技术应用及说明	
		教师活动	学生活动	信息技术类型及 应用方式	期望解决的 关键问题
5	温故知新（提问字词及句子翻译）	提问	回答	PPT 放映	准确记忆初级问题

（续表）

时间分配（分钟）	教学环节及内容	教学过程		信息技术应用及说明	
		教师活动）	学生活动	信息技术类型及应用方式	期望解决的关键问题
15	环节：自主钻学、同伴互学。内容：深钻学材	个别指导	由自学到小组讨论	学习包及 PPT 使用	对文本知识的彻底学习
10	三讲	精讲	成果展示	学习包及 PPT 使用	学生在自我展示的过程中达到深度思考的效果
10	一测	布置任务	在线作答	平板作答	检测学生的学习效果
教学总结与反思	上完了《送东阳马生序》，感想颇多。我真切体会到，只有做了，才会认真思考，才会有真正的收获。 　　应该说，这堂课还是按照我原先的设想完成了教学内容和教学任务，也突出了我预设的重难点，但在抓住两个特点方面，对文章特点把握得还不够，在一些教学细节的处理上还做得不够好。如文章多种表达方式的运用和细节描写及对比的表现手法在教学中没有体现出来。 　　我认为具体存在文章特点还没有分析到位的问题。 　　在本节课中，计划是要体现出文体特点和文章特点来的，但在实际的操作中只注重了文体的特点，即文言文的教学特点，而将这篇文章的特点没有体现出来。这篇文章至少有以下两个特点：一是多种表达方式的运用。选文以记叙为主，笔法简洁，但在有些地方加以适当的渲染和描绘，给文章增添了文采，使文章更加具体生动，同时也有议论和抒情。二是文章中的细节描写及对比手法的运用。文中，自己的生活境况和同舍生的豪华穿戴形成了鲜明对比。这些细节的描写，给人印象深刻。不仅渲染了当时求学的种种苦况，也反衬出作者的朴素与吃苦和其求学精神的顽强。这些都是很好的教学资源，对学生考试的指导意义也很大，可惜在教学中将其忽略了				

二、 数学教学设计案例：《代数式的值》

第一部分　基本信息及教学分析					
教师	杨双双	学校	浚县科达中学	年级、班级	七年级
学科	数学	课型	新授课	教学内容	《代数式的值》
教学目标	知识目标： 　　1. 经历具体情境，让学生抽象求代数式值的过程，体会用数值代替代数式里的字母，并会求出代数式的值。 　　2. 通过求代数式的值让学生进一步理解用字母表示数的意义，进一步增强符号感。 　　3. 通过对实际例题的体验初步了解整体思想。 能力目标： 　　通过学习，培养学生分析问题、解决问题、收集处理信息、团结协作的能力。 　　情感目标：使学生感受从特殊到一般，又从一般到特殊的辩证过程，激发学生学习数学的兴趣，培养学生辩证唯物主义思想		对应的学科核心素养目标		培养学生准确运算与观察概括的能力
学情分析	首先来看一下教材的地位及作用。《代数式的值》选自《义务教育课程标准实验教科书数学七年级上册》（华东师大版）第 3 章，是初中代数研究的重要问题之一。它是学生在学习了用字母表示数之后的学习内容，且可贯穿于初中代数学习的始终。这部分内容的学习，可以帮助学生更好地理解代数的核心问题——代数式的概念，也能为将来的函数学习作一个铺垫				

（续表）

教学重难点	教学重点：求代数式的值。 教学难点：了解代数式的值的意义，变式训练知识的应用
教学思路	了解目标——理解教材——深钻学材——应用练习——归纳总结——效果检测
学习包及 自主学习 任务单设计	

（续表）

> 归纳总结

1. 求代数式的值的步骤:(1)代入;(2)计算。
2. 求代数式的值的注意事项:
   (1) 代入数值之前应先指明字母的取值，并把"当……时"写出来。
   (2) 如果字母的值是负数、分数，并且要计算它的乘方，代入时应加上括号。
   (3) 代数式中省略乘号时，代入数值以后必须添上乘号。
3. 相同的代数式可以看作一个字母——整体代换。

> 效果检测

通过检测题及时检测学习效果，并迅速根据检测反馈的信息调控学习进程。题目综合基础题、中等题和难题。

课前学习准备	学生自主预习"61"

第二部分　教学过程				
时间分配（分钟）	教学环节及内容	教学过程		信息技术应用及说明	
		教师活动	学生活动	信息技术类型及应用方式	期望解决的关键问题
1	导入新课,出示目标,解读目标	引导学生找关键词,深层了解学习目标	理解目标	听老师解读,领会目标	学生产生兴趣,明确目标
14	理解教材、深钻学材	老师走到学生之中,明了学情,给予指导	先自学,再帮学,再群学	可以借助微课解析帮助学习	学生独立思考,主动学习
4	应用练习	指导做题慢的学生迅速答题并提交	用已学知识进行练习并共同总结	在线统计,精准指导	通过练习检验学习的效果
6	小组讨论错题,加深理解	关注学生回答状态,明了学情	思维碰撞,得出结论	帮助纠错,再次学习	因材施教
2	归纳总结	引导学生回答重难点,引起学生注意	学生回答,总结	整体呈现本节内容,强化重点	疑难得到解决
13	效果检测	提醒学生认真完成,在线统计	在线检测提交	精准统计,针对指导	再次解决出现的个别疑难问题
教学总结与反思	1. 通过自主研学、问题导学、同伴互学、微课助学、精准帮学,学生基本掌握求代数式的值的知识。 2. 教学方法合理化,不拘泥于形式。在教学中,实施开放式教学,随处可见学生思维间碰撞的火花,提高了学生的思维能力,培养了学生思考的习惯,增强了学生运用数学知识解决实际问题的能力。 3. 无论是教学环节设计,还是课外作业的安排上,我都重视知识的产生过程,充分利用信息化教学,在线精准统计,关注人的发展,意识到个体间的差异,注意分层教学,让每一个学生在课堂上都有所感悟,都有着各自的数学体验,不同的人在数学上都得到不同的发展				

三、英语教学设计案例：《Do you like bananas?》

第一部分 基本信息及教学分析					
教师	李晶	学校	科达中学	年级、班级	七年级 10 班
学科	英语	课型	新授课	教学内容	Do you like bananas?
教学目标	1. 熟读并翻译 2b 文章。 2. 掌握 2b 中重点短语及句型的用法			对应的学科核心 素养目标	培养学生的英式思维能力 及语言能力，养成良好的 饮食习惯
学情分析	学生们大都从初中才开始学习英语，基础较差，通过半个学期的英语学习，也具备了一定的英语语言能力及知识技能，但各方面还未得到均衡发展，尤其在听与说这两个方面还比较薄弱。因此，在教学过程中应结合学生自身特点，注重学生听、说、读、写各方面均衡发展				
教学重难点	1. 熟读并翻译 2b 文章（难点）。 2. 掌握 2b 中重点短语及句型的用法（重点）				
教学思路	学习目标——理解教材——深钻学材——应用练习——归纳总结——效果检测				

学习包及
自主学习
任务单设计
	学习包课件流程：
	
	学习目标
	1. 熟读并翻译2b文章; (难点)
	2. 掌握文中出现的重点短语及句型; (重点)
	Sports star eats well.
	David asks ... about her eating habits!
	What do you like for breakfast?
	I think it's healthy.
	I really like it.
	I don't want to be fat.
	3. 养成良好的饮食习惯
	
	理解教材
	1. 听2b录音，跟读。
	2. 大声朗读2b文章，小组组内互助翻译。
	
	深钻学材
	1. 画出2b中的重点短语。
	体育明星
	吃得好
	排球明星
	向某人询问关于某事
	饮食习惯
	最后一个问题
	不想变胖
	
	应用练习
	一、单项选择
	1. My sister ____pears very much.
	  A. Like B. likes
	  C. liking D. liked
	2. My parents often ask me_____my teacher and classmates.
	  A. about B. in C. with D. on
	3. ____do you have ____lunch?
	  A. What ;for / B.Where;to/
	  C. Where ; for the D. What; to the
	二、在横线上填上合适的词
	1. Most people think it isn't ___ (health) for children to eat junk food(垃圾食品).
	2. Tom___(ask) a football star about her life.
	
	归纳总结
	英语知识点有点琐碎，试一下用思维导图总结你的收获！
	
	效果检测
	Let's have a test!				

（续表）

学习包及 自主学习 任务单设计	自主学习任务单设计： 1. 添加 2b 文章音频，供学生自学。 2. 通过小组讨论加深对本节课重、难点的认识。 3. "深钻学材"的页面上设置应用练习有助于教师获取学生学习信息。 4. "归纳总结"以多样化的提问形式出现，主要考查学生掌握本节课知识点的情况。 5. 进一步升华本节课目标，使学生养成良好的饮食习惯
课前学习准备	学生自主预习

第二部分　教学过程				
时间分配 （分钟）	教学环节及内容	教学过程		信息技术应用及说明
		教师活动	学生活动	信息技术类型及 应用方式	期望解决的 关键问题
3	出示课题、分析目标	引导学生熟读翻译文章	同伴互助翻译文章	看平板目标	学会提取信息
15	理解教材、深钻学材	引导学生划出重点短语及句型，陪同学生一起学习问题，并帮助困难学生解决疑难，精准指导	独立思考、自主学习，遇到疑难主动寻求同学或老师帮忙	看问题解析解决问题	学会用自己的英语思维思考问题，培养英式思维以及语感
5	应用练习	指导学生准确总结并帮助学生加深印象	用已学知识进行练习并共同总结	数据统计，观察学生掌握情况	经过习题的练习，强化知识点的学习
5	小组讨论，加深理解	关注学生回答状态，收集学情	讨论得出结论	题目展示	梳理知识点的同时，精准获取学情
5	总结	回顾知识内容	学生回答，总结	看班级一体机共同学习，并在平板上进行针对性强化训练	让学生全方位透彻学会本节知识点，并根据个人疑难进行针对性训练
7	效果检测	指导学生认真完成习题	用新学的知识进行强化练习	平板习题	进一步强化本节课的重难点，并联系所学解决实际问题
教学总结 与反思	1. 通过自学、互学、精准帮学，多轮多方法学习，学生基本掌握重点短语及句型。 2. 在学习的过程中，七年级的学生对于学习流程已经基本掌握，学生能主动思考，主动寻求帮助解决自己的疑难。 3. 培养学生养成良好的饮食习惯。 4. 师生互动，教学相长，学生永远是主体，教师是渔夫，授学生以渔。作为"授渔"者，要了解"渔具"，教师首先必须要对教材有深刻的认识				

四、物理教学设计案例：《电流的磁场》

第一部分　基本信息及教学分析				
教师	侯利飞	学校	浚县科达中学	年级、班级	九年级
学科	物理	课型	新授课	教学内容	《电流的磁场》

教学目标	1. 知道电流周围存在磁场。 2. 知道通电螺线管对外相当于一个磁体。 3. 会用安培定则确定相应磁体的磁极和通电螺线管的电流方向	对应的学科核心素养目标	培养学生初步的观察能力、实验能力、分析概括能力、空间想象能力；养成实事求是、尊重自然规律的科学态度；在解决问题的过程中，培养克服困难的信心和决心，体验战胜困难、解决物理问题的喜悦
学情分析	在学习本节之前，我们已经学习了磁体、磁极、磁场等相关内容，还学习了地磁场，但对电与磁相互之间联系的认识还比较肤浅、片面，没有上升到理性认识，还不能构成科学的知识体系		
教学重难点	重点：奥斯特实验，通电螺线管周围的磁场，安培定则。 难点：安培定则的运用		
教学思路	科学探究法、启发式教学法		
学习包及自主学习任务单设计			

（续表）

学习包及自主学习任务单设计	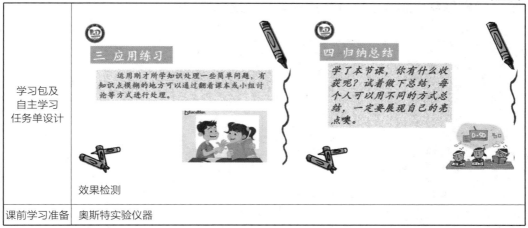 效果检测
课前学习准备	奥斯特实验仪器

第二部分　教学过程				
时间分配（分钟）	教学环节及内容	教学过程		信息技术应用及说明
		教师活动	学生活动	信息技术类型及应用方式	期望解决的关键问题
3	新课导入；观看视频	用投影仪播放电磁铁使用的视频	小组探讨提出问题并思考	投影仪	电与磁之间是否存在关系
5	钻研教材	引导学生观看微课，及时解决个别学生提出的疑难问题	观看微课，思考电磁关系	使用平板；问题导学；微课助学	奥斯特实验操作及现象
10	小组讨论；自主动手操作实验	及时关注小组对于现象及现象背后的结论的总结并进行指导	组长带领组员对本节课中奥斯特实验的操作方法及结论进行讨论	同伴互学；精准指导	奥斯特实验结论
10	观看微课，提出导线周围磁场太弱，引出螺线管	总结奥斯特实验，再次引出问题，讲解螺线管磁场及电流的关系	观看微课	微课助学	通电螺线管周围的磁场及电流方向问题
5	教师精讲	引导学生观看投影仪，精讲本节课难点——右手螺旋定则	结合课本、平板及微课深入学习	投影仪	右手螺旋定则
2	教师总结	板书总结	记录笔记	投影仪	整体掌握本节内容
5	效果检测	精准指导错误题目	课堂检测	平板学习包	总结本节；知识运用
教学总结与反思	本节教学基本能够达到自己的预想，但是本节由于时间和器材准备工作受限，只是让学生操作了简单实验过程并观察了现象，如果看过实验视频后操作效果应该会更好！ 　　在以后的教学中我会借鉴这节课的成功之处，弥补不足，吸取教训，让学生有更好的课堂体验			

五、 历史教学设计案例:《从贞观之治到开元盛世》

<table>
<tr><td colspan="6" align="center">第一部分 基本信息及教学分析</td></tr>
<tr><td align="center">教师</td><td align="center">王鹏</td><td align="center">学校</td><td align="center">浚县科达中学</td><td align="center">年级、班级</td><td align="center">七年级 27 班</td></tr>
<tr><td align="center">学科</td><td align="center">历史</td><td align="center">课型</td><td align="center">新授课</td><td align="center">教学内容</td><td align="center">《从贞观之治到开元盛世》</td></tr>
<tr><td align="center">教学目标</td><td colspan="4">1. 唐朝的建立和统一的简要过程。
2. 唐太宗吸取隋亡的教训,形成开明的政治思想,在政治、经济方面采取了诸多开明的政策和措施,从而推动了"贞观之治"局面的形成。
3. 武则天统治的特点:重视发展农业生产,破格提拔人才,任用名臣,使唐初盛世局面继续发展。
4. "开元盛世"的形成</td><td>对应的学科核心素养目标

唐玄宗前期,任用名相,整顿吏治,继承唐太宗和武则天的业绩,使唐朝进入全盛时期,中国古代社会呈现出前所未有的盛世景象。学生在学习中可结合我国的伟大社会主义改革和祖国繁荣发展的盛世景象,体会祖国的伟大,增加学生对伟大祖国的热爱</td></tr>
<tr><td align="center">学情分析</td><td colspan="5">这节课以学生为主体,通过讨论、概述、提问等多种形式,强化学生对基础知识的了解和掌握,进而培养学生透过现象分析事物本质的能力</td></tr>
<tr><td align="center">教学重难点</td><td colspan="5">重点:"贞观之治"、武则天和"开元盛世"。
难点:对唐太宗、武则天、唐玄宗的评价</td></tr>
<tr><td align="center">教学思路</td><td colspan="5">明确目标——理解教材——深钻学材——应用练习——归纳总结——效果检测</td></tr>
<tr><td align="center">学习包及自主学习任务单设计</td><td colspan="5">

学习目标
- 一、了解唐太宗、武则天和唐玄宗称帝的史实。
- 二、理解"贞观之治"与"开元盛世"出现的原因和表现。(重点)
- 三、理解武则天统治对"开元盛世"的奠基作用。总结古代盛世的一般规律。(难点)

理解教材
- 1. 隋朝建立的时间、人物、都城。
- 2. 贞观之治出现的原因,具体措施有什么?
- 3. 武则天的治国措施是什么,带来了怎样的影响?
- 4. 唐玄宗时期能够出现盛世局面的原因、措施是什么?

深钻学材
- 秦亡汉兴、隋亡唐兴有什么共同之处?

应用练习
1. 在我国古代历史上,曾多次出现政治清明、经济繁荣、国力强盛的治世局面,如隋朝的"开皇之治",唐朝的"贞观之治"和"开元盛世"等。从这些治世局面出现的原因中我们得到的启示有( )。

①国家的统一和社会的稳定是发展经济的必要条件
②统治者的励精图治是盛世局面出现的政治保证
③国内各地区、各民族之间的经济文化交流对社会发展起着重要作用
④劳动人民的辛勤劳动直接推动了社会经济发展

A.①③④　　　　B.①②④
C.①②③④　　　D.①②③

</td></tr>
</table>

（续表）

学习包及自主学习任务单设计	归纳总结 / 效果检测	
	归纳总结 ❖要求：将这节课所学的知识用树状图等形式在纸上先作总结，然后再对比老师提供的总结对自己的内容进行补充。	效果检测 ❖要求：效果检测为闭卷测试，时间5分钟，满分30分
	自主学习任务单设计： 1. 在"理解教材"的页面上添加本节课的问题解析，供学生自学。 2. 在"深钻学材"的页面上添加讨论内容的提要，供小组讨论。 3. 在"应用练习"页面添加练习题，并添加答题卡，通过信息反馈随时关注学生掌握情况。 4. 在"归纳总结"页面提供提示，锻炼学生总结学习内容的能力及语言组织能力。 5. "效果检测"部分通过老师讲解使学生进一步理解本节课所学内容	
课前学习准备	学生自主预习	

第二部分　教学过程				
时间分配（分钟）	教学环节及内容	教学过程		信息技术应用及说明
		教师活动	学生活动	信息技术类型及应用方式	期望解决的关键问题
1	出示课题、分析目标	引导学生找关键词，深层讲解学习目标	寻找关键词，找到目标	看平板目标	学会提取信息
15	理解教材、深钻学材	陪同学生一起学习两个环节中的问题，并帮助困难学生解决疑难，精准指导	独立思考、自主学习，遇到疑难主动寻求同学或老师帮忙	通过平板提示问题并解决问题	学会用自己的思维思考问题
5	应用练习、归纳总结	指导学生准确总结	用已学知识进行练习并共同总结	投票统计，观察学生掌握情况	经过推理学会归纳总结
7	小组讨论，教师讲解	关注学生回答状态，收集学情	讨论得出结论	题目展示	梳理知识点的同时，精准获取学情
3	总结	回顾知识内容	学生回答，总结	根据系统反馈，在平板上进行针对性强化训练	让学生全方位透彻学会本节知识点，并根据个人疑难进行针对性训练
9	随堂检测	关注学生讲解后检测状态	通过老师讲解，进一步掌握检测内容	结合讲解并练习习题	学生通过教师有针对性的讲解，能够更加理解本节课的重点难点
教学总结与反思	我在本课教学过程中注重进行探究性的小组讨论，在分组讨论从唐太宗时期的盛世局面，后又历经女皇帝武则天时期的继续发展，到唐玄宗统治前期，唐朝进入全盛时期，中国封建社会呈现出前所未有的盛世景象等问题时，充分调动了学生的积极性，体现了探究学习、主动学习、合作学习的新理念和新方法。在以后的教育教学过程中，还要进一步完善知识点之间的逻辑性以及对史料的充分解读，在教学实践中提高自己的能力和水平			

后 记

多年来，我在物理学科教学研究之余进行了教育信息技术的应用研究，从最初的 PowerPoint，Word，Excel 以及其他常用软件的创新应用，到后来的微课程制作与翻转课堂教学，特别是对信息技术与课堂教学融合即信息化课堂教学的研究，所有研究的内容都与教师的教育教学工作密切相关，所以得到了教育界同仁的一致赞誉和认可。

作为 Office 应用于教育教学研究领域唯一的中国教师代表，我连续三年受到微软总部邀请参加了微软举办的"全球教育论坛"，了解了当前全球教育改革发展的方向：以互联网多媒体信息技术为手段，变知识传授型学习为自主性的体验式学习；教师由知识的传授者变为学生学习的指导者、参与者。这场教育大变革，涉及教育信息技术和先进的教育理念，目前信息技术手段已经能够解决我们基础教育改革中遇到的许多问题，而先进的教育理念我们也不缺乏，我们缺乏的是把教育信息技术与先进的教育理念融合在一起，走出一条教育信息技术支持下的教育创新和课堂教学变革之路的方法。

近几年，我走访了全国很多学校，特别是进行信息化课堂教学改革的学校，了解了一线教学改革的情况，发现即使在实施了所谓的信息化课堂教学改革的学校，绝大多数校长和教师也根本不知道什么是信息化的课堂教学。他们认为在传统课堂上让学生用了平板电脑就是什么"智慧课堂"了，根本不知道使用了信息技术工具后，课堂教学的结构模式要发生革命性的变化。他们仅把移动终端当成刷题的工具，课堂结构没有发生任何变化。有的学校两个实验班搞了多年，还是一直处于实验阶段，没有任何实质性进展。到底在实验什么呢？天知道！还有的学校虽有课堂教学改革的方案，但是这些方案只是停留在纸上。一名教学校长直言不讳道：我们的课堂教学改革方案就是年终写在工作总结上的。鉴于全国教育信息化课堂教学改革的现状，参加全国培训讲座时，在《教育信息技术助力课堂教学改革》的课题讲课中，我反复强调信息化课堂教学的结构模式的问题。由于讲课受众面小，同时讲课时间短，内容难以系统展开，所以就萌发了写一本关于信息化课堂教学方面的论著。

在书稿的编写过程中，"马九克教育技术应用研究名师工作室"多位团队成员参与了编写，其中闵行区教育学院附中的夏仲文写了第二单元利用 Camtasia Studio 软件录制视频课程的内容和第三单元第一课视频的下载、录制与编辑；上海七宝中学的汤凤君写了第三单元第二课使用问卷星制作试卷；上海体育学院附属竞技体育学校的夏敏敏写了第四单元第九课希沃授课助手；金山区第二实验小学的张晓春写了第三单元第六课腾讯课堂与 QQ 的应用的内容；平顶山市一中的贺丰光写了第三单元第五课 101 教育 PPT 备课授课一体化。同时河南科达教育集团浚县科达中学校长陈红军、副校长司庆民及学校教师提供了实践案例及编写素材，北京东方科达智慧教育科技研究院执行院长孙培勇先生对学校实践案例进行了统稿。在此对他们的辛勤付出表示感谢！

　　教育现代化要求教师在转变教育观念的同时，也要实现教育手段的现代化，要求教师具有将多媒体信息技术与课堂教学进行整合的能力。这要求广大教师不仅能够将常用的办公软件及信息技术工具应用于教育教学工作中去，提高工作效率和课堂教学的实效，同时也要掌握现代教育技术应用的手段和方法，能够将教育信息技术与课堂教学融合起来，提高教育教学质量。

　　如何应用好教育信息技术呢？我的体会是在教育信息技术学习的过程中（做任何事情都是这样），首先要有创新的意识，进而培养创新的思维，慢慢增强创新的能力，最后才能获得创新的成果。读者朋友在学习我介绍的各种信息技术应用的方法和技巧时，不应该仅仅学习一些机械的操作技能，而应该通过学习，掌握思维方法，只有学到了创新的思维方法，才会有所突破，有所提高，才能将这些方法和技巧结合工作实际进行应用，最终拥有无限的创造力。在学习中，只有根据信息技术的特点，运用信息化思维方式，才能学好信息技术。要多动手、勤于练习、深入进去、仔细琢磨、善于总结。正如黎加厚教授所说的：只有你深入进去，你才有机会发现美；深入是一种体验，体验则是一种过程，过程才是一种人生享受。

　　让我的研究成果造福于社会，造福于教育，造福于教师是我的最大心愿。对几年来在研究工作中给予帮助和支持的各位专家，以及广大读者朋友对该研究成果的赞誉和认可，我在此深表感谢！恳切希望广大读者朋友在使用本书的过程中，多提宝贵意见，电子邮件请发送至 majk5168@163.com。本人的新浪微博：http://weibo.com/majk5168（可实名搜索）。

　　书中配套文档下载链接：https://pan.baidu.com/s/1e1s2tBog3Skbdl3n4sx_jg，提取码：bm6h 。也可在手机上安装百度网盘，用微信扫描二维码，输入提取码，把文档保存到自己的百度网盘中。

2020.7.18